KB037203

북한의 체육정책과 체육문화

Life in North Korea as a sports man

이 책은 2009년 정부(교육과학기술부)의 재원으로 한국연구재단의 지원을
받아 수행된 연구임(NRF-2009-361-A00008)

Life in North Korea as a Sports Man

북한의 체육정책과 체육문화

: 위성은 우주로 축구는 세계로!

김동선·전영선 지음

경진출판
세상과 소통하는 지혜로운 책

북한에서 체육이란

북한의 체육정책은 체제와 밀접하게 연결되어 있다. 체육을 해야 하는 이유, 체육을 통해 달성하고자 하는 목표도 국가의 범주 안에서 유효하다. 북한 체육인에게 중요한 것은 사회이다. 개인의 명예나 영광보다는 당과 수령을 위한 기쁨, 인민들에게 용기와 힘을 주어야 한다고 강조한다.

조국을 위한 명예를 강조하지만 각종 명예 칭호와 연로보장 등 확실한 보상도 주어진다. 체육인에게 수여되는 공훈체육인, 인민체육인과 같은 명예 칭호는 당과 공화국의 이름을 빛낸 데 대한 보상이다. 국제대회에서 우승을 하거나 세계적인 선수가 되면 명예 칭호, 연로보장은 물론 정치적인 지위까지 주어진다.

이 책은 북한의 체육정책과 체육문화를 관련 문헌자료와 문화예술 작품을 통해 해석하고자 기획되었다. 북한의 체육정책과 현황을 문헌자료와 문학예술 작품을 통해 접근하는 이유는 간단하다. 체육을 소재로 한 문학예술 작품

4

역시, 당의 정책과 이념에 맞추어 제작되기 때문이다. 문학예술 작품은 체육이 중요하고, 체육을 통해 조국의 명예를 드높여야 한다는 것을 교양하는 중요한 수단의 하나이다. 아동, 청소년을 대상을 하는 아동영화에서는 교양 사업의 일환으로 스포츠가 활용된다.

주민들에게 보고, 듣게 하여 교양하고자 하는 지점에서, 북한 체제의 정책 방향을 읽을 수 있다. 뿐만 아니라 구체적으로 개선하고자 하는 지점에서 북한 사회의 현실이 드러난다.

예술영화 〈청춘이여〉는 다섯 명의 딸이 모두 운동선수이면서도, 며느리만큼은 절대 운동선수를 들일 수 없다는 어머니가 주인공이다. 그런 어머니가 '조국의 명예'를 떨치는 태권도 선수를 며느리를 받아들인다는 설정을 통해 운동선수에 대한 편견을 버리자는 주제를 담고 있다. 하지만 여자 운동선수를 달가워하지 않은 속내는 확인할 수 있다.

남북 분단의 시간이 길어지면서 통일은 점점 더 무거운 과제가 되어 간다. 민족동질성을 찾기에도, 세계적인 보편성을 찾기에도 쉽지 않다. 북한 연구를 위해 자료를 찾고, 작품을 보는 일은 주목받는 일도, 신명나는 일도 아니다. 지루하고 번거로운 작업이 되기 십상이다. 올림픽이나 국제대회에서 남북이 만나는 때를 제외하고는 사회적인 관심도 높지 않다.

그럼에도 불구하고 다시 책을 펼치는 이유는 연구자에게는 주어진 몫이 있기 때문이다. 학자에게 주어진 숙명이다. 북한을 연구하고, 북한 체육을 강의하는 작업이 남북의 소통과 이해를 위해 마땅히 해야 할 소명이라고 생각하기 때문이다.

어설프지만 북한을 이해하고, 한반도 분단을 가로질러 통일을 위한 디딤돌을 놓는 작업을 '문화번역'으로 규정한다. 분단 70년의 시간 속에 남북 공통성은 많이 적어졌다. 남북 사이에는 미학관, 세계관의 차이는 물론 사유하는 방식에서 상당한 거리가 생겼다. 이해하기 어려운 상황이 많아졌다. 북한은 번역하기 어려운 텍스트가 되어 간다. 이 책도 북한 체육에 대한 초벌 번역일 수 있다. 문맥으로 읽고, 상황으로 이해하기 바랄 뿐이다. 다음 번역자의 정치(精致)한 번역을 기대한다.

출판의 과정에 참여하신 모든 분들께 진심으로 감사드린다.

2018년 평창동계올림픽을 기다리며
김동선·전영선

목 차

제**1**부 축구 열풍

: 위성은 우주로, 축구는 세계로

축구 중시 정책을 반영한 구호

: 위성은 우주로, 축구는 세계로

북한 최고 인기 스포츠 축구

북한에서 가장 인기 있는 스포츠는 축구이다. "축구는 조선 사람의 체질에도 맞으며 우리 인민 모두가 좋아하는 체육 종목이다."고 하면서 축구를 강조한다. 2011년 1월 1일 신년 공동사설에서는 사회주의 강성대국 건설을 강조하면서, '축구 강국'을 공식화하였다.

축구 강국은 김정일이 "축구는 우리나라에서뿐 아니라 세계적으로 대중화되고 사람들의 관심이 가장 높은 체육 종목입니다. 축구 기술이 높으면 나라와 민족의 영예를 온

축구의 세계화를 강조한 선전판 텔레비죤예술영화 〈소학교의 작은 운동장〉

축구 후비 양성을 강조한 김정일 말씀판

세계에 빛내일 수 있습니다."는 말을 기본으로 축구 발전을 강조한 구호이다.

2011년 1월 16일자 『로동신문』은 사설 「축구 강국을 향하여」를 통해서 "선군조국을 축구의 나라, 축구 강국으로 빛내이려는 것은 우리 당의 확고한 의지이다. 모두다 당의 부름에 애국의 한마음 다 바쳐 이 하늘 아래, 이 땅 우에 온 세계를 향하여 나아가는 축구 강국 건설의 장엄한 불길을 세차게 일으켜나가자."고 강조하기도 하였다.

북한 축구 수준

북한 축구는 월드컵 대회 본선에 출전할 정도의 실력을 갖추었고, 해외 무대에 진출한 선수도 있다. 북한 축구가 세계 축구계에 정식으로 등장한 것은 1958년이었다. 1958년 국제축구연맹(FIFA) 가입한 북한 축구는 1966년 잉글랜드 월드컵 대회에서 세계적인 주목을 받았다.

아시아 대표로 출전한 북한은 월드컵 본선 첫 경기에서

1966년 잉글랜드월드컵 대회 북한과 이탈리아전

소련에 졌지만 이후 칠레와 비기고, 이탈리아를 이기고 월드컵 8강에 올랐다. 당시 북한은 전후복구와 사회주의 경제건설을 위해 속도와 노력경쟁을 강조하는 '천리마운동'을 벌여나가고 있었기에 북한 축구대표팀에는 '천리마축구단'이라는 별칭이 생겼다.

2002년 한일월드컵 대회에서 이탈리아전을 앞두고 붉은악마가 펼쳤던 'Again 1966' 구호도 바로 1966년 북한의 월드컵 8강을 모티브로 한 응원구호였다. 이후로 세계 축구계에서 북한의 이름은 쉽게 찾아 볼 수 없었다. 다시 북한 축구가 주목을 받은 것은 2000년대였다. 2006년 도하에서 열린 아시안 게임에서 8강에 올랐고, 2009년 아시아 청소년대회에서 준우승을 차지하였다. 2010년 남아공 월드컵에서는 본선까지 진출하였지만 본선 예선에서 탈락하였다.

북한의 축구는 남자축구보다 여자축구가 더 많이 알려져 있다. 북한의 여자축구는 세계적인 수준이다. 북한 여자축구팀은 국제경기 경험도 풍부하고, 기량이 좋은 선수들도 많다. 신체적 조건에서 상대적으로 덜 불리하다. 하지만 최근에는 대한민국을 비롯하여 일본·중국·호주 등의 여자축구가 강세를 보이면서 상대적으로 주춤한 상황이다.

김정은과 축구 열풍

  김정일은 '체육에서 기본은 축구'라고 하면서 축구 활성화를 강조하였다. 축구 수준을 높이기 위한 정책도 추진되었다. 1990년 평양컵 국제대회를 개최하면서 '상금제'를 도입하면서 상금제 성격의 준 프로팀을 운영하는 등 경기력 향상을 위한 정책을 추진하였다.

  북한의 축구 리그는 연맹전으로 진행된다. 축구 리그 팀의 수는 1부, 2부, 3부를 통틀어 약 140개 정도로 알려져 있다. 우리의 프로 리그 1부에 해당하는 '1급팀 축구연맹전'을 운영하고 있다. 1급팀 축구연맹전은 전·후기 리그로 진행된다. 전기 리그는 3월 1일에 개막하여 4월 12일까지,

축구 조기교육을 주제로 한 과학영화 〈축구인재와 조기교육〉

후기 리그는 4월 12일부터 4월 말까지 진행된다.

압록강체육선수단, 4·25체육선수단, 리명수체육선수단, 평양시체육선수단, 경공업성체육선수단을 비롯하여 15개 팀이 참가한다. 2부 리그에 40팀, 3부 리그에 80개 팀이 지역별로 구성되어 있다. 전후기 성적을 합산하여 우승팀을 결정되고, 1부 리그 최하위팀은 2부 리그로 2부 리그 최상위팀은 1부 리그로 승격하는 승강제가 적용된다.

주요 경기장으로는 평양직할시 중구 릉라도에 위치한 15만 명 수용 규모의 5월 1일 경기장, 평양직할시 중구 모란봉에 위치한 10만 명 수용 규모의 김일성경기장, 평양직할시 양각도에 위치한 3만 명을 수용 규모의 양각도축구경기장, 남포특급시에 위치한 3만 명 수용 규모의 남포경기장 등이 있다.

김정은 체제에서는 축구의 세계화를 위한 정책도 추진하고 있다. 2013년 4월에는 평양에 세계적인 수준의 선수 양성을 목적으로 하는 평양국제축구학교를 개설하였다. 평양국제축구학교는 1만 2,200㎡의 부지면적에 현대적인 교육 시설과 식당, 목욕탕, 세탁소 등의 문화 시설을 갖추었다. 북한 전역에서 선발된 90명의 남녀 학생으로 구성되었다.

해외 진출

축구에 대한 관심이 높아지면서 최근에는 『로동신문』
을 통해 잉글리시 프로 리그를 비롯한 국제대회 일정을
소개하고, 남녀 축구팀의 1급 경기대회 일정과 결과를 보
도하고 있다. 북한의 체육활동 강조는 침체된 사회분위기
에 활력을 불어넣기 위한 조치로 평가된다.

축구에서 북한 선수의 해외 진출도 추진하고 있다. 2016
년에는 노르웨이 출신인 예른 안데르센 감독을 축구대표
팀 감독으로 선임하면서, 선진 기술 접목과 축구 세계화를
추진하였다. 다수의 유망주를 스페인, 이탈리아의 축구 아
카데미 유학을 보냈고, 평양국제축구학교를 통한 축구인
재 양성에 힘쓰고 있다. 태국 1부 리그 무안톤 유나이티드
에 미드필더 박남철 선수와 수비수 리광천 선수가 진출하

였다. 유럽 리그의 진출도 늘었다.

2016년 최성혁이 이탈리아 세리에A 피오렌티나팀의 산하 청소년팀인 프로마베라에 입단하였고, 2017년 3월에는 한광성이 이탈리아 세리에A팀인 칼리아리 칼초와 계약을 맺고 이탈리아 리그에서 뛰는 최초의 북한 선수가 되었다. 2017년에는 공격형 미드필더 정일관 선수가 스위스 프로축구 1부 리그팀인 FC루체른과 2년간 정식 계약을 맺고 있다는 것이 확인되었다. 한편 여자축구 선수인 리은심과 김경애 선수가 2005년 스웨덴 여자축구 1부 리그에 속한 발링(Balinge)에 IF팀으로 진출하기도 하였다.

체육에서는 축구가 기본입니다.
…암록강체육관에 녀자축구를
내와야 하겠습니다. 김정일

축구 열풍을 안방으로

: 텔레비죤극 〈우리 녀자축구팀〉

여자축구의 인기를 드라마로

텔레비죤드라마 〈우리 녀자축구팀〉은 북한 여자축구팀을 모델로 한 드라마로 2011년에 방영되어 큰 인기 모았다. 2006년 국제축구연맹이 주관하는 20세 이하 여자월드컵대회에서 우승을 차지했던 북한 여자축구팀의 우승 과정을 담은 드라마이다.

5부작으로 그려진 드라마는 당시 경기에 출전했던 여자축구팀 선수들이 직접 출연하고, 드라마 도중에 실제 영상을 활용하여 사실성을 높였다.

2006년 20세 이하 여자월드컵에서 우승을 차지한 북한 여자축구팀은 대회 당시 경고와 퇴장이 가장 적은 경기로 페어플레이상을 받았다. 결승전에서 해트트릭을 기록한 김성희 선수는 실버슈에 선정되었고, 주장 홍명금 선수를 비롯한 3명이 대회 베스트 11에 뽑히기도 하였다.

북한의 여자축구 수준

북한의 축구는 남자축구보다 여자축구가 더 많이 알려져 있다. 북한 여자축구는 아시아 정상권이다. 한 때는 세계 정상권이라고 할 정도로 세계적인 강자였다. 현재 여자축구 선진국이라고 하면 미국, 독일을 강국으로 보고 있고, 아시아권에서는 북한, 일본이 FIFA랭킹 순위를 다투고 있다.

여자축구는 1980년 중반부터 집중 육성하기 시작하였다. 김정일은 '여자축구를 활성화시켜야 한다'고 강조하기도 하였다. 집중적으로 투자하고, 체계적으로 관리하면서, 1990년대부터 아시아 여자축구대회에서 좋은 성적을 올리기 시작했다. 북한 여자축구팀은 일반팀과 대학팀이 20여 개, 중학교팀이 50여 개 있는 것으로 알려졌다.

2006년 모스크바에 열린 20세 이하 세계청소년월드컵에서는 FIFA랭킹 1위인 독일을 꺾고 우승을 차지했다. FIFA 주관대회에서 우승한 것은 남북을 통틀어 처음 있는 일이었다. 2008년 뉴질랜드에서 열린 17세 이하 세계청소년월드컵에서도 우승을 했다. 2002년 부산아시안게임에서 우승했고, 2006 도하아시안게임에서는 결승전에서 일본과 전·후반과 연장 120분 혈투를 득점 없이 비긴 뒤 승부차기에서 4-2로 승리해 금메달을 따내서 대회 2연패를 했다.

하지만 최근에는 주춤한 상황으로 객관적인 평가는 일본이나 북한이나 중국이나 호주나 대등한 실력으로 보고, 한국 여자축구도 상당히 근접한 것으로 평가받고 있다.

북한 여자축구가 상대적으로 강한 이유는 여자축구의 역사도 오래되었지만, 체계적으로 관리하고 있기 때문이다. 북한 여자축구팀은 국제경기 경험도 풍부하고, 기량이 좋은 선수들도 많다.

북한 남자축구팀은 국제경기에도 자주 참가하지 않고, A매치 경기(국가대표 간 시합) 경험이 상당히 적다. 그리고 개인적인 능력도 세계적인 수준하고는 아직은 거리가 있지만 여자축구팀은 개인적인 기량이 세계적인 수준에 올라가 있고, 신체적 조건에서 상대적으로 유리하다. 여기에다 헝그리 정신이 결합된 강인한 정신력, 강도 높은 훈련, 높은 포상 등이 세계적인 수준을 유지하는 비결이다.

북한 여자축구 선수들은 남자들과 훈련을 같이 할 정도로 훈련 강도가 높다. 특히 매주 금요일에는 12km를 달리는 훈련을 하는데, 혹독하기로 유명하다. 보상체계도 확실하다. 세계대회에서 우승을 하게 되면 인민체육인 같은 명예 칭호를 받을 수 있다. 선수의 입장에서는 더 없는 매력적인 요소이다. 북한에서는 여자축구 선수들이 좋은 성적을 내면서 지도자들도 남자팀보다 여자팀을 더 선호하는 것으로 알려져 있다.

북한 여자축구 선수들 중에서 함경북도 출신이 많다고 한다. 2006년 모스크바 대회에서 우승했던 20세 이하 선수팀의 절반이 함경북도 출신이었다고 한다. 북한에서는 함경북도 사람들이 기질이 세기로 유명하다. 지형적으로 산악지형으로 먹고 살기가 쉽지 않고, 거센 겨울바람 속에 생활하면서 생긴 강한 기질이 세계적인 수준에 올려놓았다는 평가를 받고 있다.

여자종합축구팀의 새로운 감독 정우

〈우리 녀자축구팀〉은 여자축구팀의 새로운 감독으로 부임한 정우 감독이 '당의 신임에 꼭 보답'해야 한다는 말을 새기면서 선수들이 있는 축구 훈련장으로 들어간다. 그

리고 새로 선발된 선수들을 보면서 조선인민군의 명예를 높일 것을 당부하는 것으로 시작한다. 정우는 처음 팀을 맡았던 때를 회고한다.

5년 전이었다. 여자축구팀이 국제경기에서 우승하지 못하고 돌아왔을 때 신임감독으로 부임하였다. 당시 여자축구팀 감독은 동철이었는데, 동철이 감독직을 스스로 내놓았다. 동철이 감독직을 내놓게 된 것은 여자축구팀 운영을 두고 정우의 의견이 옳았다고 생각했기 때문이었다. 동철은 여자축구팀 운영을 두고 정우와 견해 차이가 있었다.

정우는 동철의 수비 위주의 전략에 대해 반대하면서 공격적인 축구와 지능훈련을 주장했다. 동철의 전략대로라면 '등수 안에는 들어갈 수 있지만 우승은 할 수 없다'면서 '지능 훈련을 강화해야 한다'고 하였다. 이러한 이유로 동철은 제3차 세계여자축구대회를 앞두고 정우에게 감독직을 물려주기로 결심하였다.

그렇게 해서 새로운 감독으로 부임한 정우는 선수들에게 기술전을 강조하였다. "축구도 일종의 과학"이라고 하면서, 수학이나 물리 문제를 매일 10문제는 풀도록 하였다. 코치들은 훈련부담이 많다면서 이견을 제기했다. 하지만 정우는 확고했다. 이 과외가 부담이 된다면 과감하게 교체하겠다고 말했다. 선수들은 낮에는 훈련을 하고 밤에는 과학이나 물리 문제를 풀었다. 그리고 매일 같은 곳에서 같은 방식의 훈련으로는 훈련의 성과를 높일 수 없다고 생각하고는 새로운 훈련을 시작했다. 운동장에서 벗어나 다양한 곳에서 훈련을 시작했고, 훈련 강도도 높였다. 정우 감독도 선수들의 훈련표와 꼭 같이 훈련하면서 훈련 강도를 실험해 보았다.

한편, 새로운 선수를 찾아 나선 정우는 구월산팀 공격수인 17살의 복희를 발굴했다. 복희는 다른 선수들 앞에서 "나는 반드시 세계축구 여왕이 되어서, 우리 조국을 빛내이겠다"는 결심을 밝힐 만큼 욕심도 실력도 좋은 선수였다. 복희가 선수단에 들어오면서 복희와 누군가를 교체한다는 소문이 돌았다. 정우는 친선 경기를 통해 선수들의 마음가짐을 다잡고자 하였다.

기술 축구의 중요성

정우는 구월산팀과 친선 경기를 주선하였다. 구월산팀과의 경기에서는 공격수인 영희 대신 복희를 공격수로 내세우기로 하였다. 영희가 반발하였다. 영희는 높은 실력을 믿고는 자신에게 공격을 집중해 달라고 부탁하였다. 정우는 영희를 보면서 낙담했다. 아무리 실력이 높아도 종합팀에 어울리지 않는다고 생각했다. 영희에게 자격정지 처벌을 내렸다.

구월산팀과의 시합을 앞두고 정우는 의도적으로 전술 계획을 노출시켰다. 정우는 전술이 노출된 상태에서 선수들의 실력을 보고자 하였다. 경기가 열리자 구월산팀에서 먼저 한 골을 넣었다. 정우 감독이 전술을 바꾸었다. 그러자 구월산팀에서도 전술을 바꾸었다. 구월산팀에 끌려다니다가 0:2로 졌다.

패배의 후유증은 컸다. 선수들은 구월산팀에서 온 복희를 의심하기에 이르렀다. 정우 감독은 선수들을 질타하면서, 청년여자종합팀이라는 것을 잊지 말라고 강조하였다. 그리고 "자신의 약점을 고치라"고 강하게 주문했다. 기술위원회에서도 경기 결과에 대한 비판이 있었다. 부국장은 정우 감독의 훈련 방법에 문제를 제기했다. "과도한 육체

훈련과 정신훈련이 있어서 선수들의 육체적 과부담과 정신적 과부담이 경기력 저하의 원인"이라고 지적하였다. 반대의견도 있었다. 기술위원회가 열리고 전임감독인 동철의 의견을 물었다. 동철은 정우 감독을 지지하였다. 현대 축구의 새로운 전술인 전원 공격과 전원 수비를 감당하기 위해서는 '높은 육체훈련이 필요하고, 기술력을 갖추기 위해서는 지능훈련이 필요하다'고 정우를 두둔했다.

청년여자종합팀의 핵심 선수인 영희는 정우 감독의 선수 운영에 불만을 제기하면서, 부국장을 찾아가 팀에서 나가겠다고 하였다. 하지만 부국장은 영희 선수에게 "감독을 얼마나 아는가?" 하면서 영희를 나무랐다. 부국장의 질책을 들은 영희는 정우 감독이 했던 말을 생각했다. 정우 감독의 말은 사실 틀린 말이 아니었다. 영희 선수는 늘 해오던 대로 안일하게 생각했던 자신을 반성했다. 그리고는 다시 시작하기로 결심하였다. 선수들을 찾았다. 그리고

"다시 일어나자"면서 격려하였다. 선수들은 정우 감독을 믿고 새로운 출발을 하겠다고 결심을 다졌다.

한 마음이 된 정우 감독은 다양한 훈련으로 실력을 키워나갔다. 선수들도 이제는 어느 팀과 싸워도 이길 수 있다는 자신감이 생겼다. 정우 감독은 사상전도 준비했다. 국립교향악단에 사람을 보내 여자축구 선수팀을 위한 공연을 알아보게 하였다. 선수들이 국립교향악단의 관현악 〈장군님 여기는 최전연입니다〉를 들으면 강인한 정신력을 갖게 될 것이라고 생각했다. 정우 감독의 전략은 '장군님이 강조한 축구에서의 사상전·투지전·속도전·기술전'의 하나였다. 그렇게 선수들은 육체적 실력과 정신적 실력을 높여나갔다.

축구의 사상전·투지전·속도전·기술전

종합여자축구팀의 공격수인 복희 선수가 휴일을 맞아 집으로 다녀왔다. 복희 선수의 어머니는 복희가 축구를 그만둔 것으로 알고 있다. 복희도 속도전 청년돌격대에 나가 있는 것으로 알고 있었다. 복희 엄마는 '여자가 무슨 축구를 하느냐'면서 절대 반대하였다. 복희 어머니는 복희가 축구한다는 것을 알고는 체육단으로 찾아왔다. 복희 엄마는 여자축구가 전망이 없다고 생각했다. 그래서 복희를 선수단에서 데려갈 계획이었다. 하지만 정우 감독은 '그럴 수 없다'며 허락하지 않았다. 그리고 복희에게는 '누구의 딸이기 이전에 조국의 체육인'이라는 사실을 잊지 말라고 충고하였다.

세계선수권대회를 앞두고 정우 감독은 체력과 기술이

뛰어난 세계 강국 선수들과의 시합을 준비하던 정우 감독은 장군님이 강조한 '사상전', '투지전', '속도전', '기술전'으로 치르기로 하였다.

대회 출전을 앞두고 열린 평가회의에서 최종 선수 구성과 전술 문제에서 부국장과 의견이 충돌하였다. 정우 감독은 복희와 영희를 중간에서는 성희를 세우고자 하였다. 부국장은 안전하게 방어를 우선으로 철저히 하자고 하였다. 부국장은 여자축구 선수들이 공격 역량이 약하다고 생각했기 때문이었다. 그리고 복희는 아직 세계 경기 경험이 없었다. 정우 감독은 그렇게 해서는 등수에는 들 수 있지만 우승을 할 수 없다며 맞받아치자고 하였다.

기술위원회가 열렸지만 의견이 나누어졌다. 전임 감독이었던 동철은 정우 감독의 의견을 지지했다. 그렇게 해서 정우 감독의 전술과 선수 배치가 받아들여졌다.

시합을 앞두고 체육과학연구소에서는 선수들에게 휴식이 필요하다는 의견을 제기하였다. 시합을 코앞에 앞두고 있던 터라 부국장은 훈련을 멈출 수 없다고 하였지만 정우 감독은 '체육은 과학'이라고 하면서 휴식을 주었다.

그때 당에서 연락이 왔다. 선수들을 휴양소로 보내라는 장군님의 명령을 전하는 연락이었다. "경애하는 김정일장군님께서 여자축구의 현 실태를 요해하고 긍정적인 조치를 취해 주셨습니다"고 하면서 "축구 선수들의 건강을 위해서 친히 휴양소를 정해주고, 충분히 육체적 휴식을 취하도록 해 주시었다"고 하였다. 선수들은 기쁜 마음으로 휴양소에서 휴식도 하고, 놀이도 하면서 휴식을 취하였다.

관현악 〈장군님 여기는 최전연입니다〉와 정신력

세계선수권대회에 출전한 선수들은 너무나 긴장한 탓에 첫 경기를 이기지 못하였다. 숙소에서 열린 총화에서 선수들은 자신의 잘못을 자책하였다. 정우 감독은 선수들에게 너무 자책하지 말라고 하면서, 경기장으로 들어가면 우리가 들었던 관현악 〈장군님 여기는 최전연입니다〉를 생각하라고 하였다.

선수들은 하늘에 떠 있는 북두칠성을 보면서, 이 시간

에도 최전연에 있을 아버지 장군님을 생각했다. 다시 열린 경기에서 여자축구팀은 독일·스위스·멕시코·프랑스를 차례로 이기고 준결승에 올랐다. 준결승 상대는 브라질이었다. 월등한 체력을 가진 브라질을 꺾고 마침내 결승전에 올랐다. 세계 축구계는 여자축구팀을 주목하였다. 하지만 여자축구 선수들은 결승전을 앞두고 초조해 하였다.

그렇게 고민하고 있을 때 조선에서 부위원장이 찾아왔다. 놀란 정우 감독에게 부위원장은 '경애하는 장군님께서 선수 동무들에게 은정어린 선물을 보내주셨습니다'며, 선수들에게 민속의상 경연 대회에서 뽑힌 가장 좋은 한복을 선물을 나누어 주었다.

용기를 얻은 선수들은 결승전에서 중국을 이기고 마침내 우승을 차지하였다. 우승이 확정되자 정우 감독은 '이 우승은 장군님이 주신 것'이라고 감격해 하였다. 결승전

경기를 보고 있던 부국장도 자신이 소극적이었다는 것을 반성하였다. 우승을 하고 돌아온 선수들에게 연도환영이 있었고, 선수들에게는 노력영웅 칭호와 명예 칭호도 내려 주었다.

경기가 끝나고 집으로 간 정우는 그 동안 묵묵히 뒷받침을 해 준 아내에게 고마움을 표시하였다. 딸이 축구하는 것을 반대하던 복희의 엄마도 딸의 활약을 보면서 자랑스러워하였다. 정우 감독과 여자 선수들은 군복을 입고 김일성동상을 참배하면서, 국제경기에서 더 많은 금메달을 따서 '선군조선의 체육인으로서 도리를 다해 가겠다'는 맹세를 다진다.

축구로 예비 장인어른 환심 사기

: 텔레비죤극 〈벼꽃〉

축구 열풍을 확인할 수 있는 예술영화 〈벼꽃〉

〈벼꽃〉은 조선예술영화촬영소에서 2015년에 제작한 90분 길이의 예술영화이다. 〈벼꽃〉은 분조책임제의 의미를

강조하는 영화로 선전원인 정임의 감동어린 선전 사업을 주제로 한다.

선동원으로 일하는 정임은 전국 분조 평가에서 꼴등을 한 5분조 작업장의 선동원으로 자임해서, 분조원들을 다독여 전국에서도 모범적인 분조로 발전시킨다는 내용이다. 영화 제목인 '벼꽃'은 "꽃잎이 너무 작고 수수해 사람들의 눈에 잘 띄지 않지만 가을에는 충실한 낟알을 안겨준다"는 의미를 갖고 있다.

협동농장에서는 조합원들 사이에 여러 가지 크고 작은 갈등이 있었는데, 정임은 성심성의껏 분조원들의 애환을 풀어준다. 흥미로운 것은 협동농장의 단합을 위하여 축구 경기를 벌이고, 축구 경기를 통해 분조원 동팔이와 협동농장 반장의 사이를 풀어준다는 설정이다.

축구광 동팔이와 예비 장인 반장의 갈등

선동원 정임은 좋은 평가를 받은 3분조를 마다하고는 말썽 많기로 소문난 5분조 작업반을 자청한다.

5분조에는 동팔이라는 젊은 총각이 있었는데, 동팔이는 축구를 너무 좋아했다. 농기구 부속품이 고장 나서 부속품을 받아 오라고 시켰는데도 축구를 하느라 날을 넘겨 반장의 눈 밖에 난 인물이었다. 반장에게는 유치원 교사인 딸 미경이 있었다. 문제는 동팔이가 좋아하는 아가씨가 하필이면 반장의 딸 미경이라는 것이었다. 작업 할 때에도 축구 구경 때문에 여러 번 빠졌다가 걸렸으니 반장이 동팔이를 좋아할 리 없었다.

하루는 동팔이가 반장네 집을 찾아가 미경이에게 데이트 신청을 하다 반장에게 딱 걸렸다. 가뜩이나 동팔이가 마음에 들지 않았던 반장은 동팔이를 산림 동원에 내 보냈다. 정임은 이번에는 동팔과 미경이를 이어주고자 나섰지만 반장은 동팔이를 못마땅해 하였다. 오히려 반장은 정임에게 '주제도 모르고…' 동팔이와 미경이를 엮으려 한다고 나무라기까지 하였다.

축구로 반장의 관심을 산 동팔이

정임은 한 가지 꾀를 냈다. 축구 시합을 해서 동팔이의 축구 실력을 보여주면 반장도 동팔이를 보는 눈이 달라질 것이라고 생각했다. 정임은 리당비서를 찾아갔다. 그리고는 협동농장원들의 단결을 위해 축구 대회를 열자고 제안했다.

리당비서는 흔쾌히 대답했다. "온 나라가 축구 열풍이

니 이왕이면 군 협동농장 차원의 큰 축구 시합이 열겠다"
고 하였다. 그렇게 해서 군의 협동농장이 참여하는 큰 축
구 대회가 열렸다. 제1작업반과 제3작업반의 시합이 시작
되었다. 제3작업반이 1작업반에게 밀리고 있었다. 리당비
서는 제3작업반에 축구를 잘하는 동팔이가 보이지 않는
것을 보고는 반장을 찾았다.

"아니 동팔이는 어디 갔소, 왜 뛰지 않는 거요."

리당비서의 말을 들은 반장은 부랴부랴 산림동원을 나
간 동팔이를 찾아 나섰다. 그렇게 해서 동팔이도 시합에
참가할 수 있게 되었다. 시합은 2:0으로 지고 있었는데,
동팔이가 들어와 맹활약을 하면서 3:2로 역전했다. 마침
내 제3작업반이 우승했다. 이렇게 해서 동팔이는 스타가
되었고, 반장도 동팔이의 능력을 인정하게 되었다.

정임은 이 외에도 반원들의 애로사항을 하나하나 챙겨
주면서 열심히 노력했다. 반원들도 정임의 노력에 감동하

여 한 마음으로 분조를 위해 열심히 일하기 시작했다. 분조원들은 "진짜배기 애국농민이 되자"는 정임의 호소에 맞추어 열심히 일한 결과 풍년을 이루고 표창까지 받는 모범작업반이 되었다. 전국대회에서 표창장을 받게 된 반장은 '우리 선동원이 정말 벼꽃 같은 사람이지'라면서 정임을 칭찬하였다.

여자축구 선생님의 헌신 어린 후비 양성

: 텔레비죤예술영화 〈소학교의 작은 운동장〉

축구 열풍을 소재로 한 텔레비죤예술영화

〈소학교의 작은 운동장〉은 평양연극영화대학 청소년영화창작단에서 2014년에 제작된 3부작 텔레비죤예술영화이다. 2009년부터 북한 전국의 소학교, 초급 및 고급 중학교에서 운영되고 있는 축구반을 소재로 한 영화이다. 강원도 산골 마을의 작은 소학교에서 선생님의 헌신적인 지도아래서 축구 후비로 성장한다는 줄거리이다.

영화 제목인 '소학교의 작은 운동장'은 축구 후비들이 뛰고 있는 작은 운동장이 미래의 축구 선수를 키우는 큰 운동장이라는 의미를 담고 있다. 강원도 통천군 송전리를 주요 배경으로 하면서 축구율동체조, 국제축구학교 등 최근 축구 관련 내용이 나온다.

성원소학교 축구 교원으로 부임한 선향

홍철이라는 화가가 실화인물 소재 그림이야기책 제작의 책임을 맡게 되었다. 홍철은 만화 주인공을 월미도체육단 축구팀의 선향으로 정하였다. 홍철이 선향을 찾아 왔지만 만날 수 없었다. 선향은 며칠 전에 강원도 통천군에 있는 송안소학교 축구 지도 교원으로 가고 없었기 때문이었다.

선향이 축구반 지도 교원으로 간 송안소학교는 학생 수가 얼마 되지 않은 작은 학교였다. 선향은 여자축구반인 줄 알고 왔더니 여자축구반은 없었고 남자축구반만 있었다. 그렇게 해서 축구반 담임을 맡게 된 선향은 정식으로

축구반 학생을 모집하였다.

학생들 중에는 실력이 좋은 학생도 있었지만 많은 학생들은 아직 수준이 낮았다. 학생 중에서는 영남이가 축구 재능이 있었다. 영남이도 축구를 몹시 좋아하였고, 축구 선수가 되고 싶었다. 하지만 영남이 엄마는 아들이 축구 선수가 되는 것이 미덥지 않았다. 축구반을 맡게 된 선향이도 신뢰하지 않았다. 선향이 중앙체육단 선수 출신이라는 것을 알았지만 실력이 부족해서 체육단에서 밀려나 시골까지 왔다고 생각했다.

영남이 엄마는 선향이 오기 전에 있었던 선생님을 믿고 영남이를 맡겼었다. 새로 온 선향 선생이 제대로 재능을 키워줄 것이라고 생각하지 않았다. 그래서 영남이에게 축구 대신 미술을 시키기로 결정하였다.

선향은 새로 뽑은 학생들을 대상으로 수학 시험을 보았다. 그리고 수학 시험에서 성적이 좋지 않은 학생들은 탈

락시켰다. 학생 중에는 공도 잘 차고, 수학 실력도 좋은 명송이라는 학생이 있었는데, 축구반에 뽑히지 않았다. 선향도 명송이가 축구 재능도 뛰어나고 공부도 잘한다는 것을 알았다. 하지만 시력이 좋지 않아서 안경을 쓰고 있었기에 뽑지 않았던 것이었다. 명송이 아버지가 선향을 찾아와 '축구반에 꼭 들어갈 수 있도록 도와 달라'고 요청하였지만 선향은 명송이의 미래를 생각한다면 축구를 포기하는 게 좋겠다면서 돌려보냈다. 명송이는 축구반에 뽑히지 못했지만 축구에 대한 열정을 버리지 않았다. 안경을 쓰지 않고 밤늦게까지 축구 연습을 하였다.

한편 축구를 좋아하는 영남이는 엄마가 일하는 미장원까지 쫓아가서 축구하게 해 달라고 졸랐다. 그때 마침 미장원에는 선향도 있었다. 사람들은 선향이 있는 줄도 모르고, '선향 선생이 중앙에서 밀려서 왔고, 자기 체면을 살리자고 아이들을 부추긴다'고 수군거렸다.

선향은 영남이와 명송이가 축구에 대한 열정이 크다는 것을 알고는 생각을 바꾸었다. 명송이를 데리고 병원에 가서 진단을 받았다. 선수용 특수 안경을 제작하였다. 그리고는 하루도 빠짐없이 시력이 좋아지는 신경 마사지를 하였다. 그런 선향을 명송이 아버지는 믿고 적극 후원하였다. 명송이 아버지를 보면서 고향이 송안소학교 축구 교원이 되고자 했던 자신의 결심이 옳았다고 생각한다.

첫 경기의 대패

학기가 끝나 갈 무렵 도에서 여름방학 훈련표가 나왔다. 훈련 상대는 읍에 있는 매전소학교였다. 매전소학교는 읍은 물론이고 도를 대표하는 축구 잘하는 팀이었다. 매전소학교의 축구 교원은 송안소학교 축구 교원이었던 경만 선생이었다.

시합은 매전소학교가 일방적으로 이기고 있었다. 2:0에서 한 골을 더 먹었다. 시합에 뛰지 못하고 구경하던 용남이는 선생님에게 선수로 뛰게 해 달라고 요청하였다. 시합에 들어간 용남이는 뛰어난 개인기로 시합을 주도하였다. 하지만 개인플레이를 중심으로 하면서 연락(패스)을 하지 않았다. 후반전이 끝나갈 시간이 되자 스코어는 5:0이 되었다. 그렇게 시합이 끝났다.

학생들도 학부모들도 모두 실망이 컸다. 학생들은 용남이에게 책임을 물었다. '그렇게 혼자서 시합을 할 것 같으면, 다시는 들어오지 말라'고 하였다. 실망하기는 선향도 마찬가지였다. 낙담하고 있는 선향에게 교장선생님이 "그깟 일로 좌절하면 어떻게 하겠느냐, 축구로 장군님을 기쁘게 해 드리겠다는 결심을 잊은 것이냐."면서 선향을 일깨워 주었다.

용기를 얻은 선향은 다시 용기를 내고 아이들과 함께

다시 훈련하였다. 즐겁게 축구도 하고, 단체 훈련도 하면서 실력을 높여 나갔다.

한편 선향을 모델로 그림이야기책을 제작하려던 홍철은 선향이 지도 교원으로 있는 송안소학교의 경기를 보고는 주인공을 바꾸기로 하였다. 홍철은 월미단축구팀의 옥진을 찾아갔다. 옥진에게 "선향은 세계적인 축구 선수가 되겠다는 결심을 버렸으니 주인공이 될 수 없다."면서, 옥진에게 '주인공이 되어 달라'고 부탁하였다. 하지만 옥진은 홍철의 제안을 거절하면서, 선향의 진실을 보라고 하였다.

하나가 되어 가는 선향과 축구반 아이들

아이들과 하나가 되어 훈련을 하던 선향이 감기에 걸렸다. 아이들은 누워 있는 선향을 위해서 산꿀을 따려고 산에 올랐다가 벌집을 건드리는 사고를 쳤다. 산림감시원에

게 들킨 아이들이 '선생님을 주려고 벌집을 건드렸다'고 말했다. 사연을 들은 산림감시원이 새로운 꿀을 가져와 학생에게 주었다. 또 다른 아이는 선생님의 감기를 자신에게 옮겨달라면서 선향을 손을 잡았다.

아이들의 모습을 보면서 선향은 더욱 열심히 아이들을 지도하였다. 아이들도 하나가 되어 서로를 위하게 되었고, 명송의 눈도 많이 좋아져서 안경을 쓰지 않고 공을 찰 수 있게 되었다.

그러던 어느 날 군에서 당 비서가 선향을 찾았다. 당에서는 축구후비를 키우려고 하는 선향을 관심 있게 지켜보았다. 그리고 선향을 위하여 축구 관련 동영상과 기술서적을 주면서 잘 키워보라고 격려하였다. 선향은 아들을 위해 축구 기술과 율동을 결합한 축구 율동으로 아이들의 기술력을 키웠다. 선향도 방송통신을 통해서 축구와 관련한 기술을 배웠다. 방송을 통해서 선향은 맨 땅에서 훈련하는 것과

잔디밭에서 훈련하는 것의 차이가 크다는 것을 알았다.

선향은 잔디운동장을 만들자는 의견을 제기하였다. 학교 사람들과 학부모들은 잔디운동장을 만든다는 것이 선뜻 자신이 없었다. 선향은 마식령스키장 건설을 생각해서 그 기상으로 운동장을 만들자고 하였다. 마을 사람들도 마식령스키장 건설에 나선 군인들을 본받아 운동장을 만들어 주자고 하였다. 그렇게 해서 군에서는 처음으로 송안소학교에 잔디운동장이 생겨났다.

다시 시간이 흘러 방학이 되었다. 방학 중 학교별 시합 일정이 잡혔다. 송안소학교는 매전소학교와 다시 맞붙게 되었다. 모두들 매전소학교가 쉽게 이길 것이라고 하였다. 하지만 시합 결과는 달랐다. 송안소학교가 매전소학교를 2:0으로 이겼다. 그렇게 해서 송안소학교는 도 경기대회에 참가하게 되었다.

뜻하지 않은 일이 생겼다. 명송이가 전학을 가게 되었

다. 아버지를 따라서 온 가족이 이사를 하게 된 것이었다. 명송이는 전학 가기가 싫었다. 명송의 마음을 본 명송이의 아버지는 도 경기대회까지는 치르고 가겠다고 하였다. 하지만 선향은 보내야 하겠다고 교장선생님에게 요청했다. 어디를 가든 '축구를 잘해서 아버지 원수님께 기쁨을 드리면 된다'고 하였다. 아이들도 명송이의 전학을 받아들였다. 선향은 명송이와 아이들과 함께 마지막 훈련을 하고는 명송이를 보냈다.

눈높이 훈련으로 높아지는 실력

명송이가 떠나간 다음 아이들은 심기일전으로 다시 훈련을 시작하였다. 선향은 아이들에게 율동을 통해 유연성을 높이는 흥미로운 훈련과 함께 각각의 특기에 맞는 특기훈련, 전술훈련을 통해서 실력을 높여 나갔다. 용남이는

킥에 재능이 있었다. 장애물을 세우고 킥을 하는 훈련을 집중적으로 하였다.

한편 선향을 찾아 온 홍철에게 교장선생님은 선향이의 어릴 적 이야기를 하였다. 선향은 어려서부터 축구라면 온 정신을 잃을 정도로 좋아하였지만 엄마가 반대했었다. 온 정신이 축구에 가 있는 애를 엄마가 반대해서 서예 소조에 넣었던 것이다. 중학교에 가서 다시 축구를 하게 되었고, 중앙팀까지 가게 되었다고 하였다. 하지만 그 사이에 공백이 생겼다. 어려서 재능을 발견하고 공백 없이 키웠다면 더 훌륭한 선수가 될 수 있었다고 하였다.

교장선생님은 이 책임이 엄마가 아닌 교원에게 있다고 하였다. 그러면서 선향이 밀려서 온 것도 아니고 자신해서 고향에 온 것이라는 사실을 알려 주었다. 선향은 '축구 선수후비는 어릴 때부터 키워야 합니다'는 김정일의 말을 듣고는 고향으로 가기로 결심한 것이었다. 선향은 체육단에서 여자축구 감독도 할 수 있었고, 대학도 갈 수 있었지만 이 작은 운동장에 일생을 바치기로 결심한 훌륭한 사람이라고 하였다. 선향을 진심을 알게 된 홍철은 선향을 주인공으로 한 그림책을 쓰기로 마음을 먹었다.

한편 아이들도 최선을 다해 시합을 하였고, 마침내 도 대회에 진출하여 결승까지 올라갔다. 선향은 대회를 앞두고 평양에 온 학생들은 새로 개장한 놀이공원과 유람선을 타면서, 긴장을 풀어주면서 결승전을 준비했다. 결승전 상대는 대성소학교였다. 대성소학교에는 송안소학교에서 전학 간 명송이가 축구 선수가 되어 있었다.

시합에서 명성이가 먼저 두 골을 넣었다. 친구였던 명송이에게 두 골이나 실점한 아이들은 실망하였다. 하지만 힘을 내고 반격에 나섰고, 2:2가 되었다. 경기 종료를 앞두고 대성소학교의 파울로 프리킥 찬스를 얻었다. 마지막 찬스에서 동팔이는 훈련했던 킥으로 결승골을 넣고 송안소학교가 이겼다. 송안소학교 학생들을 본 중학교 감독들은 서로 아이들을 데려가겠다고 나섰다. 그렇게 승리의 축제 속에서 아이들과 선향, 마을 사람들은 모두들 기뻐하였다. 선향의 이야기는 마침내 '소학교의 작은 운동장'이라는 책으로 나왔다.

제2부 북한의 체육정책

북한 체육의 위상

북한에서 체육은 '신체를 다방면으로 발전시키며 집단주의 정신과 혁명적 동지애, 굳센 의지, 규율 준수에 대한 자각성과 책임성 등 고상한 사상과 도덕적 품성을 개발함으로써 국방력을 강화하고 사회주의 공산주의 건설을 성과적으로 수행하는 데 이바지하기 위한 것'으로 규정한다.

김일성은 '허약한 몸을 가지고는 혁명을 잘할 수 없다'고 하면서 체육 문제의 중요성을 강조하였다. 그리고 체육을 대수롭지 않게 여기는 것을 고칠 것을 주문하였다.

2014년 인천아시안게임에 참석한 북한선수단

　허약한 몸을 가지고는 혁명을 잘할 수 없습니다. 그래서
나는 항일무장투쟁기 때부터 계속 체육 문제를 강조하여왔습
니다. … 사회주의를 건설하는 데서도 마찬가지입니다. 지식
과 기능과 육체가 늘 통일되여 있어야 합니다. 우리가 학교에
서 배운 과학과 기술을 실지 사업에 써먹기 위하여서는 몸이
튼튼해야 합니다. 아무리 공부를 잘해도 몸이 허약해서 만날
앓기만 한다면 그가 나라를 위하여 아무런 유익한 일도 할
수 없을 것은 뻔한 일입니다. 그런데 어떤 교원들은 이 단순한
진리를 잘 알지 못하고 교육에서 체육 사업을 대수롭지 않게

여기고 있습니다. 이와 같은 경향은 반드시 고쳐야 합니다.

—김일성, 「청소년교양에서 교육일군들의 임무에 대하여: 전국교육
일군열성자대회에서 한 연설」, 1961년 4월 25일

이러한 목적 아래 체육 사업은 '나라의 존엄과 기상, 국
력을 힘 있게 과시하는 중대한 사업'으로 규정하고, '체육
강국'을 건설하자는 구호 아래 체육 분야의 발전을 강조
한다. 북한 체육정책의 목표는 대중화, 생활화이다. 체육
의 목표는 대중화, 생활화하여 전체 인민을 '노동과 국방'
에 튼튼히 준비시키는 것이다.

북한은 체육의 대중화·생활화를 위해 1987년 3월 12일
최고인민회의 결정 제85호로 '조선민주주의인민공화국 체
육법'을 제정하였다. 주요 내용은 체육의 대중화·생활화
를 위한 법적 체계이다. 북한의 체육은 국방체육을 기본으
로 학교 체육, 생활 체육으로 구분할 수 있다.

북한 체육의 내용적 특징은 집단의식의 함양이다. 북한
교육에서 강조하는 '고상한 사상과 도덕적 품성'도 집단을
위한 사상과 품성이다. 고상한 사상과 도덕적 품성이 체육
을 통해 몸에 배도록 교육한다. 이를 위해 북한의 '현실
상황에 맞으면서, 체육 기술의 발전 추세'에 맞추어 체육
기술을 발전시키는 데 중점을 둔다. 전국에 체육 시설을

2017년 강릉에서 열린 아이스하키 남북전

확대하는 한편, 체육 발전을 명분으로 조직 체계도 새롭게
개편하고 있다.

　김정은 체제에서도 체육은 중요 정책의 하나이다. 전국
에 체육 시설을 확대하는 한편, 체육 발전을 명분으로 조
직 체계도 새롭게 개편하였다. 김정은 체제의 체육정책에
서 가장 중요한 것은 '국가체육지도위원회'의 설립이다.
2012년 11월 4일 노동당 중앙위원회 정치국 확대회의를
통해 '체육 분야의 사업을 통일적으로 장악하고 지도'하기
위한 명분으로 '국가체육지도위원회' 신설을 결의하였다.

　초대 위원장으로는 당시 북한 정권의 실세였던 장성택
이 임명되었다. 부위원장에는 로두철·최부일·리영수가 서

기장에는 장선강이 맡았다. 위원으로는 김기남·최태복·
박도춘·김양건·김영일·김평해·곽범기·문경덕 등 북한 주
요 기관의 핵심 인사들이 참여하였다. 또한 도·시·군·무
력기관에 체육지도위원회를 신설하면서, '국가체육지도위
원회의 지도하에 해당 지역과 기관의 체육 분야를 발전시
킬 예정'이라고 밝혔다.

장성택이 처형된 이후에는 최룡해가 위원장을 맡고 있
다. 북한 최고 실세가 담당할 정도로 '국가체육지도위원
회'의 위상은 매우 높다. 국가체육지도위원회의 주요 사업
은 체육의 대중화·생활화, 체육과학 기술 향상, 선수 양성,
국제경기를 위한 종합 훈련 강화, 국내 체육 경기 활성화
등으로 체육정책 전반에 걸쳐 있다.

김정은 체제에서 주목되는 변화는 장애인 체육정책이

생활 체육을 소재로 한 영상물

다. 2010년 1월에 조선장애자보호련맹 산하에 장애자체육협회의를 발족한 이후 장애인 체육정책을 추진하였지만 세계적인 추세와는 거리가 있다. 2012년 런던올림픽 장애인올림픽대회에 처음으로 조선장애자보호련맹 중앙위원회 부위원장을 단장으로 하는 20명 규모의 선수단과 선수로 구성한 선수단을 파견하였다.

2012년 런던패럴림픽대회를 계기로 체육 분야에서도 장애인을 대상으로 한 체육정책이 본격적으로 추진되고 있다. 2014년 5월 29일에는 조선롱인축구단을 발족하여 세계장애인체육무대에 첫 선을 보이기도 하였다. 태권도, 유술, 육상, 레슬링을 비롯한 장애인 체육활동을 활성화할 계획을 밝히기도 하였다. 장애자체육협회는 평양시 대동강 구역에 있는 김만유병원 부지 안에 사무소를 두고 있다. 조선장애자보호련맹 중앙위원회 위원장은 탁구 남북 단일팀 선수였던 리분희가 맡고 있다.

주요 체육대회

　북한의 체육대회로는 '백두산 3대 장군'이라고 하는 김일성·김정일·김정숙의 출생지 이름을 딴 '만경대상'체육경기대회, '백두산상'체육경기대회, '오산덕상'체육경기대회를 비롯하여, '보천보햇불상'체육경기대회, 전국도대항체육경기대회, 전승컵체육경기대회, 공화국선수권대회, 청년선수권대회, 육상실내선수권대회, 청소년선수권대회, 전국택권도기술혁신경기 등이 있다.

　월별로 보면 2월에 '백두산상'체육경기대회, 4월에 '만경대상'체육경기대회, 5월에 '보천보햇불상'체육경기대회, 6월에는 전국도대항체육경기대회, 7월에는 '전승컵'체육경기대회, 9월에는 공화국선수권대회 등이 열린다. 전국도대항체육경기대회는 축구·농구·레슬링을 비롯한 10여 개 종목으로 열린다.

만경대상체육경기대회는 1969년 4월 김일성의 57회 생일을 기념하기 위해 창설한 종합체육대회로 북한 시·도와 조청련이 참가한다. 대회 3~4개월 전부터 각 시·도 예선전이 실시되며, 육상 종목을 비롯하여 축구·농구·배구 등의 구기 종목과 사격, 도강(渡江), 집단강행군 등의 국방체육 종목 등 총 40~50여 개 종목의 경기가 진행된다.

김정일의 생일을 전후하여 열리는 '백두산상체육경기대회'는 1977년 2월에 창설된 종합체육대회로서 김정일의 생일인 2월 16일을 전후하여 농구·배구·마라톤·사격·피겨·아이스하키·스피드스케이트·스키 등 육상 종목과 구기 종목 그리고 동계 종목 등 20여 개의 종목에서 전문체육선수단 소속 선수들이 참가하여 20여 일 동안 진행되는 종합체육대회이다.

오산덕상체육경기대회는 1997년 12월 김정숙 탄생 80주년을 기념하여 신설한 대회이다. 오산덕은 함북 회령시 소재 지명으로 김정일 생모 김정숙의 출생지이다. 오산덕상체육경기대회에서는 '짧은주로속도빙상(쇼트트랙)'도 열리는데, 북한의 쇼트트랙은 주행거리에 따라서 성인급과 청소년급으로 구분되어 진행된다. 북한의 쇼트트랙팀으로는 평양시 체육선수단, 평양철도국 체육선수단, 백마산 체육선수단, 평양시 서성구역 청소년체육학교, 자강도 체육학원 등이 있다.

보천보횃불상체육경기대회는 북한에서 가장 오래된 체육대회의 하나로 김일성 주석이 1937년 6월 4일 량강도 보천보에서 일제경찰서를 습격했다는 '보천보전투'를 기념하기 위해 지난 1960년 창설되어 매년 개최되고 있다.

전국인민체육대회는 1960년에 창설된 북한 최대의 종합체육대회로 5년마다 개최된다. 전문 체육 선수들을 비롯하여 조총련, 일반 주민까지 참가하는 종합적인 체육대회로 정권창건일(9.9), 당 창건일(10.10)을 전후하여 20여 일 동안 축구·육상 등 일반 종목과 국방체육 종목, 민족체육경기 종목 등의 총 50여 종목의 경기가 진행된다.

청소년들을 대상으로 한 '전국학생소년궁전체육구락부대회'와 소학교 재학생이 참가하는 '장자산상체육경기대회', 중학교 학생들을 대상으로 한 '정일봉상체육경기대회', 대학생을 대상으로 한 '9월5일상대학생체육경기대회' 등과 '전국중학교학생농구경기대회', '전국대학생농구경기대회', '전국청소년·학생8.28청년컵쟁탈농구경기대회' 등의 단일 종목 대회가 있다.

국제경기대회로는 국제친선예술체조경기대회, 만경대상국제마라톤대회, 평양국제초청탁구경기대회, 백두산상국제피겨축전 등이 있다.

백두산상국제피겨축전

　매년 김정일 생일인 2월 16일을 전후하여 진행된다. 김일성이 '태양'이라는 별칭을 가졌듯이 김정일은 '백두광명성'이라는 별칭이 있다.

　북한 빙상협회는 이 행사에 역량 있는 국제 피겨 선수들의 참가를 위해 모든 참가 선수와 대표단장의 북한 왕복 여비와 체류 기간 숙식비, 사증비(비자 비용) 등을 부담하는 등 다양한 차원의 재정을 지원한다.

백두산상 국제휘거(피겨)축전 대회 장면

'제25차 광명성절 경축 백두산상 국제 피겨축전'이 2017
년 2월 15~17일 3일 동안 개최되었다. 2017년에는 김정일
75돌 생일(2월 16일, 광명성절)을 기념한 새 우표 2종(소형전
지 1종, 개별우표 1종)이 발행되었는데, 2012년에도 김정일
사후 첫 생일에 기념우표를 발행한 바 있다.

평양국제초청탁구대회

'평양국제탁구초청경기대회'는 1981년 창설되어 1992
년(제12차)까지 해마다 열렸으나 그 이후 중지됐다가 1999
년 '제13차 평양국제탁구초청경기대회'가 7년 만에 개최
되었다. 대회 창설 초기에는 러시아, 중국 등 주로 사회주
의 국가들이 참가하여 왔으나, 1987년 이후부터는 비동맹
권의 인도네시아, 파키스탄 등이 참가하고 있다.
  2017년에도 8월 2~6일 평양에서 국제탁구대회가 개최
되었는데 참가국 수가 지난해의 4분의 1 규모로 급감했다.
국제탁구연맹이 공인하는 국제 '챌린지' 대회라는 이름이
무색할 만큼 외국인 선수의 참가가 극히 저조, 북한을 제
외하면 이란과 시리아가 전부였다. 전체 59명의 참가자
중 이란 선수 3명, 시리아 선수 6명이 외에 85%가 북한
선수였다.

2016년 평양 대회에는 브라질 리우 올림픽에서 동메달을 획득한 독일의 드미트리 오브차로프 선수와 일본의 미즈타니 준 등 세계 순위 10위권 선수들이 참가했지만 2017년 대회는 세계 순위 20위권의 선수는 북한 김송 선수밖에 없었다. 대회에 참가 선수가 줄어든 것은 최근 북한의 잇따른 도발과 그에 따른 국제사회의 강력한 대북제재의 영향력으로 보인다.

만경대상국제마라톤경기대회

김일성의 69회 생일(4월 15일)을 기념해 1981년부터 매년 만경대상마라톤대회를 개최하고 있다. 참가자들은 김일성경기장을 출발해 중국군 참전 기념비를 지나 김일성

만경대상국제마라톤경기대회 중계 화면

종합대학교를 지나간다. 이어 대동강 다리를 건너 평양 동쪽으로 이동해 강둑을 따라서 경기장으로 돌아오게 된다. 기존에는 중국·러시아·아프리카 출신으로 2시간대의 기록을 지닌 프로급 선수들만 참가했다. 하지만 2014년부터 하프코스와 10km 코스를 추가해 일반 외국인 관광객도 참가할 수 있도록 문호를 넓혔다. 북한이 마라톤 대회에 외국인 참가 대상을 확대한 것은 관광 목적도 있는 것으로 보인다.

2017년 4월 9일 제28차 만경대상국제마라톤대회가 열렸다. 이번 대회에는 북한과 모로코, 케냐, 에티오피아, 독일, 미국, 중국, 프랑스, 일본 등 50여 개 나라에서 온 1천100여 명이 참가하였고 남녀 1위에 각각 1만 달러의 상금이 주어졌다.

최근 북한은 만경대상국제마라톤대회 등 평양에서 열리는 각종 이벤트를 관광객 유치 기회로 적극 활용하고 있다. 북한 전문 여행사들은 2017년부터 2018년 마라톤대회에 참가하는 일정을 포함한 여러 종류의 관광 상품 예약도 온라인을 통해 개시했다. 또한 스쿠버다이빙과 자전거 투어 등의 여행 상품 판매도 허용하는 추세이다.

체육 인프라

안골 체육촌

체육경기장이 집중된 청춘거리의 옛 지명이 '안골'이었

안골 체육촌을 소개한 영상 자료

기에 '안골 체육촌'이라고도 불린다. 종합 체육 단지로는 청춘거리가 개발된 것은 1980년대로 1989년 7월에 개최된 제13차 세계청년학생축전이 계기가 되었다. 릉라도에 있는 '5.1경기장'이 1989년 5월 1일에 건립되었고, 기타 체육 종목을 치르기 위한 종합 체육 단지가 들어서면서 체육 종합 단지가 형성되었다.

처음 종합 체육 단지로 조성할 때에는 축구·농구·배구·탁구·송구·역도·수영·배드민턴 경기장 및 경경기관·중경기관 등 10개 경기장으로 구성되어 있었다. '경(輕)경기관'은 체조·육상 등 유연성과 스피드가 요구되는 기록 경기를 진행하기 위한 경기장이며, '중(重)경기관'은 유도·권투·레슬링 등 주로 힘이 요구되는 체급 경기 진행하는 체육관이다.

그 밖에 야구경기장, 태권도 전당, 메아리사격장 등을 추가 건설하면서 종합적인 체육 단지로 자리를 굳히게 되었다. 부대 시설로 체육인 식당, 피로회복관, 골프연습장(1990년 건설, 30타석) 등이 들어서 있다.

백두산 지구 체육촌

북한 동계스포츠의 메카인 량강도 삼지연에 있는 종합

체육 단지이다. 백두산 지구 체육촌에는 스케이트경기장, 스키경기장, 아이스하키경기관을 비롯하여 경기장들과 선수들의 숙박소와 관련 시설을 갖춘 현대적·종합적 체육 시설이, 삼지연에는 이 외에 연건평 7,700㎡ 규모에 수백 석의 극장, 체육관이 갖추어진 삼지연학생소년궁전을 비롯하여 삼지연군 문화회관, 베개봉국수집 등의 문화 시설이 갖추어져 있어 매년 '백두산상전국빙상선수권대회' 등의 동계스포츠 대회가 열리고 있다.

양각도 체육촌

평양시 대동강 한 가운데 있는 양각도에 건립된 종합 체육 시설로 2012년 10월에 새롭게 만들어졌다. 양각도 체육촌은 지열난방체계를 이용한 4개 동의 합숙 시설과

양각도 축구경기장

2개 동의 식당, 농구 및 탁구훈련관, 체조 및 육체훈련관, 종합훈련관을 비롯하여 체육과학기술지식보급실, 전술토의실, 목욕탕, 리발실, 오락장 등을 갖추었다.

김일성종합경기장

평양시 모란봉구역 개선동 개선문 옆에 위치한 종합체육경기장으로 총면적 48,000㎡에 10만 명을 수용한다. 평양공설운동장이었던 것을 1969년 증개축하면서 모란봉경

김일성종합경기장

기장으로, 다시 1982년 제70회 김일성의 생일을 기해 확충하면서 김일성경기장으로 개칭하였다.

김일성종합경기장은 상부를 직선을 그은 듯이 잘라진 외형의 인조잔디운동장이다. 부속 시설로 건축면적 2만 5천㎡의 3층 건물로 된 6천 석의 빙상관을 갖추고 있다. 빙상관은 필요에 따라서 얼음을 녹이거나 빙판 위에 고무판을 덮고 탁구·농구·배구 등의 구기 종목의 경기를 할 수 있도록 하였다.

우리에게는 월드컵 최종 예선, 여자축구 경기가 열리는 장소로 기억된다. 원래 월드컵 경기는 천연잔디구장에서 열리게 되어 있지만 상황에 따라서 인조 잔디 구장을 사용할 수 있다. 월드컵 1차 예선은 홈앤드어웨이 방식으로 열리는데, 1차 예선 경기에서 운동장 사정으로 인조 잔디 구장에서 열리게 되면 최종 예선에서도 같은 조건에서 경기를 해야 한다. 이런 이유로 북한과 일본의 월드컵 최종 예선 경기가 김일성종합경기장에서 열리기도 하였다. 원래 김일성종합경기장은 집단체조 전문 경기장이다. 일반석 뒤에는 집단체조를 위한 배경대가 설치되어 있어 집단체조 행사를 진행하기에 적합하게 되어 있다.

국제무대에서 북한 축구의 이름을 알린 것은 1966년 월드컵이었다. 2002년 월드컵 한국과 이탈리아 경기에서 붉은 악마 응원단이 펼쳤던 'Again 1966' 응원은 바로 이 대회에서 이탈리아를 꺾고 아시아 국가로는 처음으로 8강에 올랐던 것을 의미하였다.

세계무대에서 전혀 알려지지 않았고, 이름조차 생소했던 북한이 칠레와 1:1로 비기고, 당시 세계 최강이었던 이탈리아와의 경기에서 사다리전법이라는 독특한 전술을 구사하면서 1:0으로 이겨 아시아에서는 최초로 월드컵 8강에 진출하였다. 8강전에서 포르투갈과 맞서 3:0으로 이기다가 에우제비오에게 4골을 내주면서 3:5로 패배하였지만 '아시아의 진주'라는 별명을 얻은 박두익 선수의 이름은 아시아를 대표하는 이름으로 기억되고 있다.

5.1경기장

'5.1경기장'은 북한 최고의 운동장으로 능라도에 있어 '능라도경기장'이라고도 불린다. 1989년 7월에 열린 제13차 세계청년학생축전에 맞추어 5월 1일 문을 열었다. '5.1경기장'은 6만여 ㎡의 면적에 15만 석의 대규모 경기장이다. 3개 훈련장과 실내 연습장을 갖추고 있다. 5.1경기장은 곡선적인 외형에 천연잔디운동장이다. 출연 인원 10만명인 대집단체조와 예술공연 〈아리랑〉 공연이 열리는 곳이기도 하다.

김정은 위원장이 '세계적 수준'으로 리모델링하도록 지시함에 따라 10개월 간의 공사를 거쳐 2014년 10월 28일 준공식을 가졌다. 이날 준공식에서 최룡해 노동당 비서 겸 국가체육지도위원회 위원장은 "5월 1일 경기장은 세상에 내놓고 자랑할 만한 세계적 규모의 체육 시설이며 선군조선의 귀중한 재부"라고 평가하기도 했다.

경기장은 국제적 규모와 기준에 맞게 개건되었고, 관람석 의자와 관람홀, 계단부분의 색깔을 '공화국기'를 상징하는 붉은색과 푸른색, 흰색으로 처리하였다.

릉라도에 있는 5.1경기장

평양 '보통강반 체육촌'

　스포츠광으로 알려진 김정은 북한 노동당 위원장의 '체육 강국' 건설 구상에 따라 평양과 각 도 소재지에 종합체육 시설을 속속 건설하고 있다. 평양에서는 지난 2014년 체육 시설이 밀집되어 있는 만경대구역 청춘거리를 리모델링한 데 이어 2017년 5월 16일 북한매체는 평양보통강변에 두 번째 체육촌이 건설됐다고 보도했다.

　북한 노동당 기관지 『로동신문』은 '보통강반(변)에 종합적인 체육촌 훌륭히 건설'이라는 제목의 글에서 김 위원장의 지시로 "평양 시 안의 일꾼들과 당원들과 근로자들은 자력자강의 위대한 정신력으로 풍치수려한(경치가 멋진) 보통강반에 1년 남짓한 기간에 만리마시대의 자랑스러운 창조물인 종합적인 체육촌을 훌륭히 일떠 세웠다"고 소개했다.

　보통강반체육촌은 4,300㎡의 종합체육관과 200여 명 수용 능력의 체육인 숙소, 인공잔디축구장과 야외농구장, 배구장, 테니스장 등 전체 면적이 수만 ㎡에 달한다고 하면서 평양 시민들의 체육문화생활에 적극 기여하게 될 것이라고 덧붙였다.

　2016년 제7차 당 대회에서 "10년을 1년으로 주름잡아

내달리는 만리마시대를 열어 놓았다"고 밝힌 이후부터 북한 매체는 '천리마'보다 빠른 '만리마'라는 표현이 자주 등장한다. 보통강반체육촌도 만리마시대의 성과로 자랑하고 있다.

평양골프장

평양골프장은 남포시 용강군 태성호에는 조총련계 상공인들의 지원을 받아 완공된 북한 최초의 골프장이다. 평양골프장은 1982년에 착공하여 1987년 4월 김일성의 75회 생일을 기념하여 완공되었는데, 36만여 ㎡에 18홀 규격의 코스(코스 길이 6.2km)와 목욕탕, 휴게실, 식당, 기념품 판매대 등이 딸린 클럽 하우스를 갖추고 있다.

1987년 9월에는 조총련과 일본인 200여 명을 초청하여 개장기념 골프대회를 개최하였으며, 1988년 10월에는 전국인민체육대회 종목으로 채택하여 경기를 갖기도 하였다. 재일교포를 비롯하여 외국인들과 주요 간부들이 주로 이용한다. 평양골프장 이 외에 와우도와 양각도에 9홀 규모의 골프장이 있었다. 그러나 2012년 양각도 국제 호텔 앞에 있던 골프장을 없애고 그 자리에 다른 건물이 들어선 것으로 알려졌다.

2011년부터는 평양에서 매년 국제 아마추어골프대회를 개최하고 있다. 2013년 7월에는 평양 청춘거리에 골프연습장이 들어섰다. 규모는 30여 명이 동시에 골프를 연습할 수 있는 타석을 갖추고 있고 앞에는 넓은 잔디밭으로 조성되어 있다. 골프연습장과 함께 탁구와 당구 등을 즐길 수 있는 체육 시설과 사우나·식당도 갖춰져 있다. 김정은 체제에 들어와서는 능라인민유원지에 미니골프장을 만들었다.

대동강변에 있는 골프연습장

평양볼링관

평양볼링관은 1994년 2월 개관하였는데, 14,300㎡의 건축면적에 40개 레인과 관람석 500석, 식당, 오락실 등의 부대 시설을 갖추고 있다. 평양볼링관 개관과 함께 선보인 볼링이 1998년 무렵부터 북한에서 대중화가 시작되면서 평양시민들이 즐겨 찾는 곳이다.

북한의 볼링장은 평양시 문수동에 위치한 '평양볼링관' 과 종합레저스포츠센터인 '락원관' 내의 볼링장 두 곳이 있는 것으로 알려져 있다.

마식령스키장

2013년에 개장한 마식령스키장은 김정은 시대 체육의 상징물이다. 마식령은 원산시와 법동군 사이에 있는 고개이다. 눈이 많이 내려서 스키장으로서 최적의 조건을 갖추고 있다. 마식령스키장은 원산시 중심부 가까운 곳에 위치해 있다. 평양으로부터 평양-원산 관광도로를 따라 무지개동굴에 들어가기 직전에 입구가 있다.

마식령스키장은 2012년 7월부터 건설을 시작하여 2013년 12월 31일에 준공식을 갖고 본격적으로 운영되고 있다.

마식령스키장 건설에 대해 김정은은 2013년 6월 4일 직접 호소문 「마식령 속도를 창조하여 사회주의 건설의 모든 전선에서 새로운 전성기를 열어 나가자」를 발표하면서 건설을 독려하기도 하였다. 마식령스키장이 건설된 이후에는 '위대한 로동당시대 사회주의 문명을 자랑하는 만년대계의 기념적 창조물'이라고 평가하였다.

마식령스키장은 스키 주로와 호텔과 봉사 시설, 관리건물, 지하주차장, 변전소, 휴식 시설로 구성되었다. 스키 주로는 초급 및 중급 주로를 비롯한 10개로 총 연장 길이는 약 110,000m, 폭 40~120m이다. 산악자전거 주로, 기마 주로, 등산길과 잔디스키장, 수용장 등의 4계절 휴양지로 건설되었다.

마식령스키장 건설에서 유래한 '마식령속도' 구호판

스키장 건설에는 군인들이 대규모로 동원되었고, 건설이 진행되는 동안 '마식령속도'라는 신조어가 생겨나기도 하였다.

마식령스키장이 개장한 이후 평양고려호텔에서 마식령스키장 관련 서비스를 진행하는 한편으로 '평양-마식령관광뻐스', '원산-마식령관광뻐스'를 운영하고 있다.

빙상관

실내 경기장

실내 경기장으로는 평양체육관, 류경정주영체육관과 각시·도 체육관이 있다. 평양시 중구역 보통문동 인민문화궁전 옆에 자리한 평양체육관은 2만 명을 수용하는 북한 최대 규모의 경기장이다. 1973년 4월에 개관한 실내 경기장으로 실내 스포츠대회와 '조선소년단전국련합단체대회' 같은 대규모 군중집회도 자주 열린다. 대규모 군중집회를 위해 한쪽에는 무대가 설치되어 있으며, 경기장 바닥에는 이동의자를 놓을 수 있도록 만들었다. 이 외에도 1만 2천 명을 수용할 수 있는 류경정주영체육관을 비롯하여 주요 도시에 건립된 남포경기장·청진경기장·사리원경기장·해주경기장 등이 있다.

김정은 시대의 대표적인 체육 시설인 미림승마구락부 승마실내훈련장

체육선수단

기량이 우수한 선수들은 국가 대표로 선발되어 훈련을
받거나 평양을 비롯하여 종합체육단이나 각 시도에서 운

평양체육단을 소개하는 영상물 〈교수훈련의 실
효성을 높여〉

영하는 체육선수단에 입단하여 생활한다. 그렇지 않은 경우에는 군대에 들어가 선수생활을 하거나 일반 직장을 다니게 된다.

체육선수단은 남한의 전문팀이라고 할 수 있다. 일반적으로 전문선수단은 특정한 종목의 팀이 아니라 많은 종목에서 선수단을 운영하는 종합선수단 체제로 운영된다. 일반적으로 1개의 종합체육선수단은 500명 내외의 규모로 운영된다. 선수단의 규모에 따라서 선수단이 운영되는데, 3등급의 선수단이 있다. 북한의 체육단은 1급 선수단이 15개, 2급 선수단이 40개, 3급 선수단이 80개 정도 있는 것으로 알려져 있다.

대표적인 체육선수단으로는 압록강체육단, 4·25체육단, 기관차체육단, 평양시체육단, 모란봉체육단, 리명수체육

체육 후비 양성을 목적으로 한 보통강구역 청소년체육학교 교육 장면

단, 소백산체육단, 월미도체육단 등이 있다.

압록강체육단은 북한 체육단 중에서 역사가 가장 오랜 체육단으로 1947년 내무성체육단으로 출발하였다. 국방 체육에 강한 팀으로 알려져 있다. 남북 탁구 단일팀의 일원이었던 리분희, 1999년 세계육상선수권대회 우승자 정성옥, 2000년 시드니올림픽과 2004년 아테네 올림픽 은메달리스트 리성희 등이 압록강체육단 소속이다.

4·25체육단은 1949년 3월에 창설된 민족보위성 체육중대가 확대 발전한 체육단이다. 1972년 현재 이름인 4·25체육단으로 개칭하였다. 북한 최대의 체육단으로 가장 많이 알려진 체육단이기도 하다. 여자축구팀의 주축이 4·25체육단 소속이다. 인민체육인이자 체조 선수인 리세광, 복싱의 장은희, 역도의 김은국·김광성, 유도의 윤원철·홍국

북한에서 가장 오래된 체육단인 압록강체육단의
모태가 된 내무성체육단의 기록영화

현 등이 4·25체육단 소속이다. 철도성 기관차체육단은 1950년 내무성 소속으로 창단하였다. 1974년에 기관차체육협회 철도성팀으로 개편하였다. 1961년 7월 모스크바 국제육상대회 400m, 800m에서 우승한 신금단 선수, 역도 선수 김명남이 기관차체육단 소속이다. 1989년에 야구팀을 창단해 중국·일본이 참가한 3개국 체육대회에도 참가한 바 있다.

평양시체육단은 1956년 4월 30일에 창단한 체육단이다. 북한은 개성시체육단, 남포시체육단을 비롯하여 9개의 도에 체육단이 설치되어 있다. 평양시체육단은 북한 시도종합체육단으로는 가장 규모가 큰 체육단이다.

대성산체육단은 2006년 창단된 체육단으로 평양에 있다. 대성산은 평양의 외곽에 있는 산으로 평양성의 외성인

평양체육단을 소개한 영상물

대성산성이 있는 곳이다. 대성산체육단은 피겨스케이팅을 비롯하여 스피드스케이팅, 쇼트트랙, 아이스하키 등 북한이 취약한 동계 종목을 집중적으로 육성하고 있는 체육단이다. 선수단의 대형 숙소를 비롯하여 피겨스케이팅을 위한 발레 연습장과 스케이트장 등을 갖추었다.

텔레비죤드라마 〈갈매기〉에 출연한 국가종합체육선수단의 수중발레 선수들

제**3**부 체육과 정치

체육의 기본, 국방체육

건강은 나라를 지키기 위해
: 예술영화 〈60청춘〉

몸이 약하면 적과 맞설 수 없다
: 아동영화 〈버들그네〉

집단체조와 아동교양
: 예술영화 〈푸른 주단 우에서〉

체육의 기본, 국방체육

북한 체육의 기본은 국방체육이다. 사전적 의미로는 국
방체육은 "군사활동에 필요한 지식과 기술, 기능을 소유
하도록 해 몸과 마음을 튼튼히 단련할 목적"으로 이루어

북한 영화 속 국방체육 장면

진 경기이다. 국방체육은 국방과 긴말하게 연결되어 있다는 점을 중점으로 1950년대 말 '스포츠·국방·노동'의 3대 요소를 모두 충족시킨다는 목적으로 창안되었다. "완강한 투지, 대담성, 혁명적 동지애를 키우며 군사기술기재를 능숙하게 다룰 수 있는 기술·기능을 높여 주는데서 중요한 역할을 한다"고 평가하고 있다(『조선대백과사전』, 백과사전출판사, 1996).

1959년 2월 27일 내각 결정 제15호에서 '국방체육을 발전시켜야 한다'는 결정을 채택하였다. 국방체육은 1962년 12월 당중앙위원회 제4기 제5차 전원회의에서의 '4대군사노선'의 하나로 '전인민의 무장화'가 채택되면서, 더욱 강조되었다. 1970년대 후반 국방체육구락부를 전국에 설립하여 국방체육을 보급하였다. 김일성도 1967년 '국방체육을 강화하라'고 지시하였다.

북한에서는 국방체육이 "완강한 투지, 대담성, 혁명적 동지애를 키우며 군사 기술 기재를 능숙하게 다룰 수 있는 기술·기능을 높여 주는 데서 중요한 역할을 한다."고 평가한다. 국방체육의 발전을 위하여 인민들에게 '국방체육의 의의를 인식시켜 대중들이 체육 경기에 참가하도록 하면서 각종 체육대회에서 필수적으로 국방체육 종목을 포함시키며', '경기 종목을 다양하게 개발하면서', '인민들이 어디서나 국방체육활동을 할 수 있도록 시설과 기자재를 보장'하도록 하고 있다.

한편으로는 다양한 국방체육 종목을 개발하여 학교 교육과 소조활동에 적극적으로 활용할 것을 권장하고 있다. 국방체육 종목은 실제 전투와 관련한 것들인데, 크게는 군사장비를 이용한 경기와 장애물 극복으로 구분할 수 있다.

군사장비를 이용한 종목으로는 권총이나 보총 등의 각종 총기를 가지고 하는 사격, 활공기, 모형항공기, 모터사이클, 무선통신, 낙하산, 군사3종, 무기분해 결합 등이 있으며, 장애물 극복 경기로는 강건너기, 외나무다리건너기, 벼랑오르기, 철조망 돌파, 탄약상자메고달리기, 담벽뛰어넘기, 산·들판달리기, 산악행군, 집단달리기, 강행군 등이 있다.

15kg의 배낭을 메고 20km를 걷는 산악행군의 경우 학

북한 영화 속 국방체육 장면

생은 연간 3회, 직장인은 연간 2회, 그리고 집단달리기의 경우 학생은 매일 1km씩 연간 200일을, 공장 근로자들은 매일 800m씩 연간 200일을, 농촌주민들은 매일 600m씩 연간 150일을 실시토록 규정되어 있다.

북한에서는 국방체육이 "군사활동에 필요한 지식과 기술, 기능을 소유하도록 해 몸과 마음을 튼튼히 단련할 목적"으로 이루어지는 경기로서 "국방체육 종목들은 군사활동이 강화되고 군사과학과 기술이 발전함에 따라 점차 그 내용도 변화·발전해 더욱 더 풍부해지고 있다."고 평가한다.[1]

스포츠를 군사훈련에 이용한다고 할 수도 있겠지만 따지고 보면 스포츠 자체가 군사훈련으로부터 시작되었다. 고대 그리스에서 벌어졌던 고대 올림픽의 달리기나 레스링, 투포환, 투창 등이 모두 군사훈련과 관련된 것이었고, 근대5종 경기도 적진에서 탈출하기 위한 기술로서 승마, 사격, 수영 등이 스포츠로 개발된 것이다. 동계올림픽에서 선보인 바이애슬론 경기도 사격과 스키를 결합한 것인데, 역시 군사적 목적의 훈련을 스포츠로 개발한 것이라는 짐작이 가능하다.

---

1) '국방체육', 『조선대백과사전』, 백과사전출판사, 1996.

국방체육의 하나로서 김정은 체제에서 활성화된 것으로 항공체육이 있다. 북한에서는 1945년 12월 조선항공협회가 창설한 때부터 항공체육의 역사가 시작되었다고 선전한다.

1949년 12월 평양에서 처음으로 모형활공기(글라이더) 경기대회가 열렸다는 기록을 근거로 1950년대 중반까지 전국에 10여 개의 항공구락부가 있을 정도로 활성화되었다고 주장한다. 하지만 본격적으로 항공체육이 활성화된 것은 김정은 체제 이후이다. 항공체육의 주요 종목으로는 모형항공기 경기, 낙하산 강하 경기가 있다.

북한에서 항공스포츠는 사격, 군사 3종 등과 함께 국방실용 체육 종목을 분류한다. 북한은 김정은이 항공체육 부문 발전에 관심이 깊다고 강조하고 있다. 실제로 김정은은 아버지 김정일 국방위원장 사망 직후인 2012년 1월 서부

지구 항공구락부를 방문해 무인기 운용 시범을 참관하기도 했다.

또 전용기를 타고 전투비행술경기대회를 현지 지도하는 모습을 관영매체를 통해 전했다. 김정은 시대에 들어 평양항공구락부와 신의주항공구락부를 모체로 하여 각 도, 시에 새 항공구락부도 만들어졌다. 특히 무선조종모형 항공기 경기가 '전국 도 대항 군중체육대회' 종목에 채택될 정도로 인기스포츠로 뜨고 있다.

건강은 나라를 지키기 위해

: 예술영화 〈60청춘〉

노익장을 과시한 마라톤 선수: 〈60청춘〉

'노익장(老益壯)'이라는 말이 있다. 나이가 들어서도 청춘

못지않게 건강하다는 칭찬의 말이다. 〈벤자민 버튼의 시간은 거꾸로 간다〉처럼 점점 젊어진다면 좋겠지만 현실은 그렇지 못하다. 나이가 들면 기력도 약해지고 몸도 약해진다. 하지만 이렇게 흐르는 시간을 거슬러 몸을 건강하게 가꾸어 젊은 사람들이 부러워하는 체력을 갖춘 어르신이 있다. 예술영화 〈60청춘〉의 주인공 선봉 노인이다.

〈60청춘〉은 1966년에 나온 예술영화이다. 1960년대였던 만큼 흑백필름이고, 러닝타임은 73분이다. 제목에서 짐작하듯 〈60청춘〉은 60이 되어도 청춘처럼 건강을 유지하고, 가꾸면 젊은 사람 못지않게 건강할 수 있다는 주제이다.

'인생은 60부터'라는 말이 있듯이 요즘에는 60이면 아직도 한창 일할 나이라고 생각한다. 하지만 1960년대만 해도 60이면 장수한다고 했던 시절이었다. 뒷짐이나 지고 '에헴'하면서 어른 대접이나 받아야 할 선봉 노인은 열심

히 몸을 가꾸고 운동을 해서 마라톤 대회에 출전하여 젊은이들을 제치고 우승한다는 줄거리이다.

운동하는 선봉 노인 VS 복식호흡하는 덕보 노인

선봉 노인이 처음부터 운동대회에 적극적으로 참가하게 된 것은 아니었다. 나이가 있었기에 '나이 값' 못한다고 젊은 사람들이 수군거리는 것을 알았다. 요즘이야 어르신들이 건강관리하는 것이 보기도 좋고 아름다운 모습이었지만 〈60청춘〉이 제작된 1960년대는 상황이 많이 달랐다.

선봉 노인은 평소에도 건강을 위해 일도 열심히 하고, 달리기도 열심히 하면서 건강을 가꾸었다. 하지만 같은 마을에 살던 다른 노인은 달랐다. 선봉 노인이 살고 있는 동네에는 덕보라는 노인도 있었다. 덕보 보인도 건강을 무척이나 신경을 썼다. 하지만 건강을 지키는 방법이 달랐다. 덕보 노인은 건강을 위해서 운동을 하지 않고, '태식(胎息, 탯줄로 숨을 쉬는 것)'을 한다면서 하루 종일 나무그늘에 앉아 복식호흡을 하였다. '태식'을 하면 장생불사한다고 믿고 있었다.

두 사람은 건강을 유지하려고 하였지만 방법은 달랐다. 선봉 노인은 덕보 노인을 보고는 '아직 기력이 한참인 데,

벌써 일손을 놓고, 놀겠느냐'면서 '건달배'라고 흉을 보았다. 덕보 노인은 그런 선봉 노인이 못마땅했다. '늙어 죽을 때가지 밭고랑을 파야 속이 시원하겠느냐'며 흉을 보았다.

선봉 노인 달리기를 시작하다

평소 운동에 관심이 많았던 선봉 노인은 마라톤 선수인 칠성이를 찾아갔다. 칠성이를 찾아간 선봉 노인은 칠성이에게 '달리기를 해보겠다'며 가르쳐 달라고 하였다. 하지만 칠성이는 '어르신이 체통 없이 달리면 동네 사람들이 웃는다'면서 선봉 노인을 말렸다.

선봉 노인은 화가 났다. 아직도 몸이 멀쩡한데, 노인이라고 취급받는 것이 싫었다. 달리기를 하고 싶었던 선봉 노인은 마침내 웃통을 벗고 마을을 달리기 시작하였다. 선

봉 노인의 달리기가 본격적으로 시작되었다. 반응은 별로였다. 낮에는 일하고, 한밤중에 동네를 뛰는 선봉 노인에게 동네 사람들은 나잇값 못한다고 흉을 보았다. 가족들도 이해하지 못하는 것은 마찬가지였다. 가족들은 선봉 노인이 정신이 이상해진 것이 아니냐고 생각했다.

1960년대만 해도 60이면 '환갑잔치'를 크게 하고, 수염이나 만지면서 '에헴'하는 게 일반적인 노인의 모습이었는데, 밤마다 동네를 뛰어다니니 이상하다고 생각하는 것이 당연했다고 할 수 있다. 하지만 선봉 노인은 좌절하지 않았다. 동네 사람들이 뭐라고 하든 아랑곳 하지 않고, 밤낮으로 달리고 또 달리면서, 달리기를 게을리 하지 않았다. 낮에는 논밭에 나가 열심히 일하고, 밤에는 마을을 달리면서 체력을 관리하였다. 그렇게 쉬지 않고 열심히 달리기를 하던 어느 날이었다. 드디어 사건이 생겼다.

마라톤 대회에 출전한 선봉 노인

읍내에서 체육대회가 열린다는 소식이 들렸다. 마을에서도 젊은이들이 마라톤 대회에 참가하였다. 선봉 노인도 마라톤 대회에 참가하고 싶었다. 식구들에게는 마라톤 대회에 구경하러 간다는 핑계를 대고, 대회에 참가하려고 하였다. 버스 정류장에서 읍내로 가는 버스가 왔다. 당장이라도 버스를 타고 마라톤 대회에 참가하고 싶었지만 망설였다. 마라톤을 준비한 젊은이들이 대회 참가를 위해 읍내로 가는 버스에 오르는 것을 보고는 차마 버스에 오를 용기가 나지 않았다. 그래서 머뭇거리다 그만 돌아오고 말았다.

그렇게 허무하게 좌절될 것 같았던 선봉 노인의 마라톤 도전은 극적인 반전을 한다. 집에 와서 곰곰이 생각하던 선봉 노인은 결국 부인에게 고백을 한다. 마라톤 대회에 참가하겠다고 말한다. 그리고 지금까지 밤새 연습해 왔다는 사실도 말한다.

선봉 노인의 결심이 굳은 것을 확인한 부인은 선봉 노인을 믿었다. '잘 다녀오라'면서 도시락까지 싸서 보내주었다. 선봉 노인은 부인이 싸준 도시락을 들고는 버스가 끊어진 읍내까지 밤새 달려서 뛰어 갔다.

읍내에 도착한 선봉 노인은 당당히 선수로 등록하고 체육대회에 참가하였다. 대회가 열리고 젊은 사람들 사이에 끼어서 준비 운동을 하면서 몸을 풀었다. 동네 사람들은 선봉 노인을 보고 '주책맞다'면서 수군거렸다. 체육대회 점수를 보니 선봉 노인이 속한 중봉리가 노산리에게 지고 있었다. 마지막 마라톤 경기에서 이기지 않으면 중봉리는 노산리에게 지게 되었다.

스타가 된 선봉 노인

선봉 노인은 처음에는 젊은 선수들 사이에 끼어서 맨 꼴찌로 출발하였다. 반환점을 돌 때까지 뒤처져 있었다. 하지만 반환점을 돌면서 놀라운 일이 벌어졌다. 선봉 노인이 앞서간 선수들을 따라 잡기 시작하였다. 앞에서 달리던

선수들은 선봉 노인이 쫓아오는 것을 보고는 뒤처지지 않으려고 애를 써보았지만 선봉 노인을 당할 수 없었다. 하나 둘씩 선봉 노인에게 자리를 내어 주기 시작했다.

그러나 결승점으로 향하는 중간에 고비가 찾아 왔다. 지친 선봉 노인의 발걸음이 멈추려고 할 때였다. 동네 사람들이 노인을 응원하기 시작하였다. 동네 사람들도 처음에는 선봉 노인을 웃음거리로 여겼지만 막상 젊은이들 사이에서 열심히 뛰는 것을 보고 선봉 노인을 응원하기 시작하였다.

이렇게 해서 선봉 노인은 완주를 하였다. 마라톤 시합에서 완주하고 돌아온 선봉 노인을 동네 사람들은 기쁘게 맞이하였다. 그뿐만이 아니었다. 선봉 노인의 소식이 알려지면서 동네에서 방송 야회가 열리게 되었다. 방송 야회에서 선봉 노인은 '나라를 지키기 위해서는 몸이 건강해야

한다'고 강조한다.

　마을 체육대회에서 스타가 된 선봉 노인을 관리위원장
이 중앙 체육대회에서 추천하였다고 전한다. 그렇게 해서
강원 대표로 중앙 체육대회에 출전하게 된 선봉 노인은
시민들의 열렬한 박수를 받으면서, 평양에서 벌어진 전국
마라톤 대회에서 당당히 완주하면서 큰 박수를 받았다.

몸이 약하면 적과 맞설 수 없다

: 아동영화 〈버들그네〉

몸을 튼튼히 해야 하는 이유

〈버들그네〉는 평소에 몸을 튼튼히 해야 적과 맞서 싸울

수 있다는 주제의 아동영화이다. 조선과학교육영화촬영소 아동영화창작단에서 제작한 10분 길이의 지형영화이다. 장영환이 영화문학·연출·책임미술을 맡았다. 아동영화의 대상인 어린이들의 눈높이에 맞추어 숲속 늪을 배경으로 늪가에 사는 개구리 형제와 까마귀, 가물치가 등장한다. 게으름을 피우면서 몸을 튼튼히 하지 않으면 적과 맞설 수 없다는 것을 통해 체력단련의 중요성을 주제로 한다.

개구리들이 체력 단련을 하는 이유

아동영화 〈버들그네〉의 주인공은 개구리 형제들이다. 개구리들이 부지런히 운동을 하면서 몸을 튼튼히 하고 있었다. 개구리들이 몸을 튼튼히 해야 하는 이유가 있다. 까마귀, 가물치와 싸우기 위해서는 부지런히 몸 단련을 해야 했다.

개구리들은 달리기, 멀리뛰기, 높이뛰기를 열심히 연습하였다. 개구리 형제가 모두 열심히 훈련한 것은 아니었다.

셋째가 문제였다. 장애물을 건너는 훈련을 열심히 하였지만 셋째는 그렇지 않았다. 건너뛰기를 하는데, 첫째와 둘째는 잘 건너뛰었지만 셋째는 건너뛰지 못하였다. 높이뛰기를 해도 셋째는 형들이 다 뛰어넘는 높이를 넘지 못하였다. 평소 셋째가 게으름을 피우면서 훈련을 하지 않았기 때문이었다. 그래서 셋째는 다른 형제들보다 체력이 약했다.

개구리 형제들은 걱정이 되었다. "요것도 건너뛰지 못하면 어떻게 하니. 제대로 하지 못하겠니." 형제들은 걱정을 하면서 부지런히 훈련을 재촉하였다. 셋째는 형들의 충고를 대충 흘려들었다. "그러다 까마귀놈들이나 가물치놈들이 나타나면 어떻게 하겠니. 정말 걱정이다."고 염려하였지만 셋째는 "우리가 어떻게 까마귀나 가물치에게 맞설 수 있을 것 같아요." 하면서 자포자기했다.

그렇게 훈련을 하고 있을 때 까마귀가 나타났다. 개구리들은 놀라서 어떻게 해야 할지 몰랐다. 첫째 개구리가 침착하게 말했다. "자 모두들 늪으로 먼저 뛰어 들어라." 첫째 개구리의 말대로 개구리 형제들은 늪으로 뛰어들었다. 첫째는 생각이 있었다. 혼자 남은 첫째 개구리는 까마귀를 자기 쪽으로 유인하였다.

까마귀가 첫째를 보고는 잠을 먹으려고 덤벼들었다. 첫째 개구리는 침착하게 까마귀를 유인하였다. 첫째가 지친 듯이 바위 위에 앉자 까마귀가 달려들었다. 그 순간 첫째 개구리는 잽싸게 몸을 피하고, 까마귀는 그대로 바위에 머리를 부딪쳤다. 까마귀가 바위에 머리를 부딪치고 아파하는 사이에 첫째 개구리는 펄쩍 뛰어올라 버드나무 가지를 잡았다. 그리고는 생각했다. 이 번 기회를 이용해서 까마귀를 아예 잡기로 하였다.

체력과 협동의 중요성

첫째 개구리는 까마귀를 '물 속에 집어 쳐 넣어야겠다'고 생각했다. 그리고는 버드나무 가지를 그네처럼 뛰면서

늪가로 까마귀를 유인했다. 바위에 머리를 부딪치고 약이 바짝 오른 까마귀는 앞뒤를 가리지 않고 첫째 개구리를 공격했다. 하지만 평소 운동을 열심히 해서 몸이 튼튼한 첫째 개구리는 버드나무 가지를 이용해서 요리조리 까마귀의 공격을 피해갔다. 그렇게 첫째 개구리를 쫓던 까마귀는 첫째의 계략에 속아 연잎에 앉은 첫째를 잡으려다 늪에 빠졌다.

첫째의 계획대로 되었다. 일단 여기까지는 성공했지만 끝난 것이 아니었다. 물속에서 첫째 개구리는 한 손으로 까마귀 날개를 잡고, 한 손으로는 물풀을 잡아 당겼다. 하지만 까마귀의 힘을 당할 수 없었다. 까마귀는 그대로 한쪽 날개에 첫째를 달고 하늘로 날아올랐다. 첫째 개구리는 끝까지 날개를 붙들고 놓지 않았지만 까마귀를 당해낼 수는 없었다. 까마귀는 첫째 개구리를 겨우 떨어내고는 꽁지 빠지듯이 도망쳤다.

첫째 개구리가 까마귀를 물리치는 것을 본 개구리 형제들은 환호했다. 하지만 첫째의 생각은 달랐다. "너희들도 까마귀놈과 맞섰더라면 아예 물 속에 쳐 넣을 수 있었는데…" 하면서 아쉬워하였다. 첫째의 말을 들은 형제들은 "우리도 형처럼 몸 단련을 잘할 테예요"라면서 체력단련을 잘 하겠다고 다짐하였다. 형제들이 체력을 열심히 단련하자고 했지만 그런 형제와 달리 셋째는 마음이 불편했다.

셋째 개구리에게 닥친 위기

첫째 개구리형은 셋째 개구리에게 다시 한 번 체력단련의 중요성을 일깨워 주었다. "까마귀와 날치놈들이 우리를 잡아먹겠다고 날치는 데, 우리가 그놈과 맞서 싸우지 않고 마음 놓고 살 수 있겠니. 응." 첫째의 충고에도 셋째는 별로 달라지지 않았다.

"아니. 그렇게 맞서지 않고도 까마귀가 달려들면 물속으로 들어가면 숨고, 물속에서 가물치가 달려들면 물 밖으로 뛰어 오르면 아무 일도 없을 텐데." 그러자 둘째가 나섰다. "아니 뭐라고, 우리라고 그렇게 밤낮 피하면서 살아갈 수는 없어." 첫째 개구리가 나섰다. "둘째 말이 옳다. 우리

계속해서 연습하자." 그렇게 개구리 형제들의 훈련이 다시 시작되었다.

셋째는 까마귀의 공격이 있었다는 것도 잊은 듯이 훈련을 게을리 하였다. 다른 형제들은 열심히 하였지만 셋째는 배가 아프다고 핑계를 대고 놀기만 하였다. 뿐만 아니라 버들가지를 가지고 그네를 만들어서 장난을 쳤다.

첫째 개구리는 셋째에게 "버들가지는 우리가 까마귀나 가물치와 맞서 싸울 때 중요하기 때문에 묶어두어서는 안 된다."고 충고하였다. 하지만 셋째는 첫째의 충고를 듣지 않았다. 버들가지를 모조리 잡아매어 그물을 만들어 놓고는 그 속에서 낮잠을 잤다.

한편 열심히 물속에서 몸을 단련을 하고 있던 개구리 형제들을 엿보고 있던 가물치가 덤벼들었다. 첫째가 작전을 짰다. 가물치를 물 밖으로 유인해서 족치기로 하였다.

첫째는 개구리 형제들에게 물 위로 올라 버들가지를 잡으라고 하였다. 하지만 그럴 수 없었다. 버들가지는 셋째가 그물을 만드느라 몽땅 묶여져 있었다.

상황도 모르는 셋째는 편안했다. "이렇게 그물을 치고 숨어 있으면 가물치도 까마귀도 알아보지 못할 것"이라고 생각했다. 하지만 착각이었다. 셋째를 본 가물치는 통째로 삼키려고 덤벼들었다. 다급해진 셋째 개구리가 버들가지 그물을 풀려고 하였다. 그렇게 버들가지를 풀고 있는 사이에 가물치가 계속 공격했고, 셋째는 그물에서 연잎 위로 떨어졌다.

체력 단련을 게을리 한 대가

버들가지에 뛰어오른 첫째가 다른 가지를 내리면서 잡

으라고 하였다. 셋째가 힘을 다해 뛰어 올랐다. 하지만 평소 몸 단련을 충실히 하지 않았던 셋째라 버들가지를 잡지 못하였다. 개구리 형제들은 셋째가 잡을 수 있도록 몸을 내렸다. 셋째가 둘째의 발을 잡는 순간 가물치도 뛰어 올라 셋째의 다리를 물었다. 개구리 형제들은 버드나무 가지를 흔들어 가물치를 땅위로 떨어뜨렸다. 그리고는 가물치를 공격하여 죽여 버렸다.

개구리들이 가물치를 공격해서 죽였다는 설정은 아동 영화에서 가능한 만화적인 상상력이다. 상징적으로 표현한 것이다. 힘이 약하지만 힘을 합치면 이길 수 있다는 것을 알려주고자 한 의도적인 설정이다.

그렇게 해서 겨우 위기를 모면한 셋째는 자신이 잘못했다는 것을 깊이 뉘우치고 부지런히 체력을 단련하였다. 그렇게 몸 훈련을 열심히 한 셋째에게 까마귀가 나타나 공

격하였다.

　이번에는 셋째가 나섰다. 셋째는 물러서지 않고 까마귀
와 맞섰다. 셋째가 까마귀를 유인하는 사이에 다른 개구리
형제들이 버드나무 가지로 올가미를 만들어 까마귀를 잡
는 것으로 영화가 끝난다. 평소에 체력 단련을 해야 하는
이유를 개구리 형제이야기를 통해서 보여주는 아동영화
이다.

집단체조와 아동교양

: 예술영화 〈푸른 주단 우에서〉

대집단체조와 예술공연

〈푸른 주단 우에서〉는 조선예술영화촬영소에서 2000년에 제작한 82분 길이의 예술영화로 림창범·전광일이 연출하였고, 김국성·안철이 영화문학을 담당하였다. 북한 최고인기 남자배우의 한 사람인 공훈배우 리영호가 주인공이자 집단체조창작단의 어린이장 책임자 오문규 역을 맡았고, 리경숙이 집단체조창작단 부단장 지선희 역을 맡았다.

영화 제목에서 '푸른 주단'은 푸른색의 주단(옷감)이라는 뜻이다. 구체적으로는 대집단체조와 예술공연 〈아리랑〉이 펼쳐지는 운동장 무대를 의미한다. 〈푸른 주단 우에서〉의 주배경이 된 장소는 릉라도에 있는 '5.1경기장'과 모란봉구역 개선동 개선문 옆에 있는 '김일성종합경기장'이다.

북한에서 대집단체조와 예술공연은 카드섹션인 배경대미술과 예술체조를 결합 종합공연 양식으로 규정한다. 집단체조 중심의 공연에 1955년 카드섹션인 배경대미술을 도입하면서 입체적인 종합예술이 되었다.

1958년 8월 광복 13주년 기념 공연인 〈영광스러운 우리 조국〉을 1만 명이 참여하는 '종합체육문화공연'으로서 공연되었다. 이후 1960년대에 2만 명 수준으로, 1980년대에 5만 명 수준으로 열렸다. 이후 5만 명이 참여하는 공연으로 쭉 진행되다가 2000년 〈백전백승의 조선로동당〉을 공

대집단체조와 예술공연을 소재로 한 영화 〈푸른 주단 우에서〉

연하면서 10만 명으로 확대되었다.

집단체조를 본격적으로 발전시키기 위하여 1971년 11
월부터 집단체조창작단을 조직하여 운영하고 있다. 2000
년부터 '대집단체제와 예술공연'을 공식 장르 명칭으로 사
용하고 있다. 가장 잘 알려진 '아리랑'은 2002년 처음 공연
되었고 2007년 8월 '세계적으로 가장 큰 집단체조와 예술
공연'으로서 기네스 세계기록에 등록되었다. 본래의 매스
게임이 변형된 이 종합공연예술은 예술단의 주도로 기획
창작되고 학생들뿐만 아니라 예술인들이 대거 투입된다.

대집단체조에 숨겨진 뜻은

집단체조창작단의 창작성원으로 일하고 있는 오문규는
어느 날 아침 평양거리에서 눈에 익은 한 여성을 만난다.
이 여성은 어릴 때 집단체조 공연에서 짝이었던 지선희였
는데, 그녀는 집단체조창작단의 부단장으로 임명되어 온
다. 오문규는 체육대학을 졸업하고 집체창작단에서 학생
들을 지도하고 있었다.

지선희와 오문규는 어릴 적부터 집단체조 공연으로 이
어진 사이였지만 지선희는 오문규에 대한 좋지 않은 기억
이 있었다. 두 사람이 한 조가 되어 집단체조 공연이 있었

는데, 공연이 있던 그 날 오문규가 지각을 하여 지선희의 속을 태운 적이 있었다. 이 일로 오문규는 '하늘소'라는 별명을 얻었다. '하늘소'는 북한에서 당나귀를 뜻하는데, 아마도 오문규가 고집불통이어서 고집 센 동물인 당나귀라는 별명이 붙은 것 같다.

문규에게는 문옥이라는 동생이 있었는데, 장가 못간 오빠를 장가보내기 위해 선을 보이려 한다. 그러던 중 문옥은 오빠가 교예배우의 사진을 보고 관심을 두는 것으로 알고는 창작단 단장이면서 오빠친구로서 오랫동안 친하게 지낸 선희에게 부탁하여 두 사람 사이를 연결시켜 주려고 하였다.

하지만 두 사람은 어린이장 연출을 두고 갈등이 벌어진다. 두 사람의 갈등은 '집체 허리잡고 앞구르기' 동작 때문이었다.

문규는 자신이 맡은 '어린이장'에서 '집체 허리잡고 앞구르기' 동작을 완성시킬 것에 대해서 고민하고 있었다. 동작이 어린이들이 하기에는 어려웠기에 지선희는 이 동작을 빼라고 한다. 오문규가 교예배우에게 관심을 두고 있었던 것도 이 동작을 풀기위한 조언을 받기 위한 것이었는데, 주변사람들은 오해를 한다. 선희는 문규를 믿고 어린이장 대신 '소고대열장'의 연출을 맡기려고 한다. 이 소식을 듣고 어린이들은 문규가 다른 장으로 가지 말아 달라고 말리고 오문규도 학생들의 진심을 알고 받아들인다.

공연을 얼마 남기지 않고서 한 예행연습에서도 '집체허리잡고 앞구르기' 동작에서 많은 실수가 일어나자 문규는 학생들을 데리고 학생소년궁전으로 간다. 학생소년궁전에서 오문규는 태양계를 보여주면서 지금 하고 있는 동작이 '아버지 장군'인 태양을 중심으로 소년들이 애기별, 위성임을 상징하는 동작임을 강조한다.

지선희는 학생들을 학생소년궁전으로 데려간 뜻을 이해하지 못하고 창작가가 해야 할 과학적인 방법이 아니라고 비판하면서 장면을 빼지 않고 공연하는 것에 대해서 불만을 표시한다. 창작단의 창작성원이면서 선희와 문규의 옛 선생님이었던 창작성이 나서서 '집체허리잡고 앞구르기 동작'에 얽힌 이야기를 들려준다.

〈푸른 주단 우에서〉에서 오문규와 지선희가 갈등을 일으킨 것은 어린이장에서의 동작 때문이었다. 오문규는 '집체 허리잡고 앞구르기'가 상징하는 의미가 있는 만큼 반드시 어린이장에 포함시키려고 한 반면 지선희는 어린이들이 하기에는 어려운 동작이므로 장에서 뺄 것을 주장하였다.

'집체 허리잡고 앞구르기'와 태양계

'집체 허리잡고 앞구르기'는 가운데를 중심으로 학생들 허리를 잡고 앞구르기를 연속하는 동작인데, 동작의 중심이 되는 것은 태양이다. 여기서 태양은 최고 지도자인 김일성 주석을 의미한다.

북한에서 태양절은 김일성의 생일을 의미한다. 김일성 3주기인 1997년 7월 8일 주체연호의 사용과 함께 태양절로 제정되었다. 태양절이라는 의미는 '민족의 태양'인 김일성의 영생을 바란다는 의미이다. 이와 함께 김일성과 관련한 상징물 창작에서도 '태양상'의 반영이라고 한다.

'집체허리잡고 앞구르기'를 고집하는 이유

　오문규가 집체허리잡고 앞구르기 동작을 고집하는 이유가 있었다. 지선희는 국제 체조 선수로 해외에서 활동하고 있을 때라 기억이 없었다. 사연을 몰랐던 지선희는 오문규를 통해서 그 사연을 알게 되었다. 오문규는 장군님이 집체공연장을 찾아 위로해주었고 많은 학생들이 감동을 받아 그때의 일을 기억하고 있었고, 이번 공연의 동작도 바로 그 장군님을 위하여 다시 하는 공연인 만큼 태양을 중심으로 한 위성의 형상임이라는 알게 되었다. 동작의 진정한 의미에 대해서 공감한 지선희는 동작을 없애야 한다는 이전의 주장과 달리 오히려 동작을 더 늘려야 한다고 강조한다.

　오문규는 교예배우의 도움을 받아 동작을 문제를 해결

122

해 나간다. 교예배우 역시 집단체조를 참가하였던 경험이 있었기에 오문규가 의미하는 바를 잘 이해하고 있었고, 도와주어서 동작의 완성도를 높여 나간다.

집단체조에 참가하였던 금동이는 집단체조를 연습하면 사이에 키가 3cm나 컸으며, 마음도 성숙하였다고 기뻐한다. 그러나 무리한 연습으로 금동은 쓰러지고, 후보 선수로 대치하는 문제로 문규와 선희는 다시 갈등한다. 하지만 금동이 부모이야기를 하면서 집단체조에 참가하게 해 달라는 할머니의 소원대로 금동은 집단체조 공연에 참가하게 되고 공연은 성공적으로 끝난다.

제4부 엘리트 체육과 스포츠 스타

체육인 우대정책

북한은 우수 체육인의 육성을 위하여 조기 선발과 집중적인 훈련을 통해 기량을 높이는 한편으로 각종 체육대회에서 우수한 성적을 거둔 선수들을 발굴하여 전문 선수로

연도 환영 행사에 나온 시민들

키우고 있다. 체육인들의 사기 진작과 성적 향상을 위해서 다양한 공훈 칭호 수여와 함께 연로보장을 약속하고 있다. 특히 엘리트 체육인을 대상으로 인민체육인, 공훈체육인, 체육명수 등의 칭호를 부여하고 있다.

인민체육인은 1996년 10월 8일에 제정된 명예 칭호로 체육 분야의 최고 명예 칭호이다. 당의 체육정책을 높이 받은 체육인, 체육 발전에 공로가 있는 체육인, 올림픽이나 세계선수권대회에서 우승한 선수에게 주어진다. 통상 노력영웅 훈장을 동시에 수여한다. 경우에 따라서는 고급 승용차나 아파트를 선물로 받기도 한다. 마라톤 영웅 정성옥, WBC 슈퍼 플라이급 참피온 홍창수, 잉글랜드월드컵 축구 영웅 박두익, 축구의 진별희, 1972년 뮌헨올림픽에서 세계신기록으로 북한에 첫 금메달을 안긴 사격의 이호준, 체조의 배길수와과 김과숙, 탁구의 리분희, 유순복, 유

인민체육인 신금단 선수

도의 계순희 선수 등이 인민체육인이다.

공훈체육인은 1960년 11월 11일 제정된 인민체육인 다음 가는 공훈 칭호이다. 일반적으로 1년에 2회 이상 기록을 갱신하였거나 국제대회에서 우수한 성과를 나타낸 선수, 아시아경기대회에서 우승한 선수에게 수여되는 칭호이다.

체육명수는 1965년에 제정된 칭호로 일정한 성적을 거둔 체육인에게 수여하는 칭호이다. 1년에 한두 차례 평가를 통해 1급부터 6급까지 차등으로 나눈다.

북측의 영웅 칭호에는 '조선민주주의인민공화국 영웅' 칭호와 '조선민주주의인민공화국 로력영웅' 칭호가 있다. '공화국영웅' 칭호는 주로 당과 국가에 대하여 위훈을 세우고 대중적 영웅주의와 애국주의를 보여 주는 사람들에게 수여되며 '로력영웅' 칭호는 주로 경제, 건설 그리고 사

체육 선수들을 반기는 연도 환영 행사

회 각 분야에서 공훈을 세운 사람'에게 수여된다.

노력영웅 칭호는 1951년 7월 17일 제정된 명예 칭호로 경제·문화·건설 등의 각 분야에서 특별한 공로를 세운 자들을 대상으로 수상한다. 국기훈장 1급과 금메달, 표창장 등이 수여된다. 체육 분야에서는 남자역도의 김은국·임윤철, 여자역도의 림정심 등이 있다. 인민체육인'들에게는 통상 '로력영웅'의 칭호가 수여된다.

공화국영웅(정식 명칭은 조선민주주의인민공화국 영웅)은 1950년 6월 30일에 제정된 명예 칭호로 북한 최고 등급의 명예 칭호이다. 제1급 국기훈장을 동시에 받는다. 여자 마라톤의 정성옥 선수가 체육인으로는 처음으로 공화국영웅과 인민체육인 칭호를 받았다.

엘리트 체육

체육의 대중화, 생활화와 함께 엘리트 체육에도 중점을
두고 있다. 엘리트 체육은 주로 북한 체제를 대외적으로

엘리트 체육인 양성을 위한 체육학교의 훈련 장면

선전하고, 알릴 수 있다는 점에서 정책적 차원에서 적극 활용한다. 사회적 지위와 사기 진작, 처우 개선을 통해 우수 선수 양성, 스포츠 강국으로 세계의 위상을 높이는 정책을 추진하였다.

국제대회에서 우수한 성적을 거둔 경우에는 공훈 칭호를 부여하고, 아파트를 제공한다. 체육인에 대한 공훈 칭호는 1960년에 제정된 공훈 체육인, 1965년에 제정된 체육명수, 1966년에 제정된 인민체육인 칭호가 있다.

스포츠 분야에서도 많은 변화의 바람이 불면서 1980년대 말부터 바둑을 비롯하여 야구, 소프트볼, 볼링, 프로권투 등 이른바 '자본주의적' 스포츠를 도입하기 시작하였다. 새로운 체육 시설들이 개장되었고, 일반인들에게도 개방되어 체육활동에 활용되고 있다.

체육 경기 소식을 알리는 방송

방송과 언론에서도 체육 관련 보도가 크게 늘었다. 해외 축구 소식을 전하는 프로그램도 만들면서, 체육 열풍을 강조하고 있다. 체육인들의 사기 진작을 위해 포상과 함께 연회를 개최하고, 체육인아파트를 제공하였으며, 체육의 중요성을 강조하는 영화와 방송 제작도 활발해졌다. 태권도시범단의 해외 시범 공연을 비롯하여 북한 체육인의 해외 교류와 해외 진출도 활발해졌다.

김정은 체제에서는 축구의 세계화를 위한 정책도 추진되고 있다. 2013년 4월에는 평양에 세계적인 수준의 선수 양성을 목적으로 하는 평양국제축구학교를 개설하였다. 평양국제축구학교는 12,200㎡의 부지면적에 현대적인 교육 시설과 식당, 목욕탕, 세탁소 등의 문화 시설을 갖춘 첨단 체육전문 학교이다.

축구에서 북한 선수의 해외 진출도 추진되면서, 북한 축구 선수의 해외 진출 성과도 있었다. 2012년 런던패럴림픽대회에서는 처음으로 김문철 조선장애자보호련맹 중앙위원회 부위원장을 단장으로 하는 대표단을 파견하기도 하였다.

북한의 스포츠 스타

유도영웅 계순희

유도영웅으로 불리는 계순희 선수는 16살의 어린 나이에 와일드카드로 출전한 1996년 애틀랜타올림픽 48kg급에서 일본의 유도영웅 다무라 료코를 꺾고 금메달을 따면서 세계를 놀라게 한 유도인이다. 당시 다무라 료코는 국제대회에서 82전 전승의 무패가도를 질주하던 세계 최강이었다. 당연하게도 여자 유도의 가장 확실한 금메달 후보였다. 일본 언론에서 '만약 일본이 단 하나의 금메달을 딴다면 그것은 다무라 료코일 것이다'라고까지 평가했을 정도이다.

세계 유도계에 혜성처럼 등장한 계순희는 평양 태생으로 출판사에 근무하는 아버지와 광복중학교 교사인 어머니 사이에서 태어났다. 10살 때부터 유도를 시작하여 모란봉체육학교에 입학하면서 선수생활을 하다가 박철 감독에게 발탁되었다. 157cm의 작은 체구이지만 타고난 힘을 바탕으로 두각을 나타내기 시작하여 만경대상체육대회와 백두산상체육대회 등을 제패한 이후 불패 가도를 달렸다.

체급을 올린 뒤에는 1997년 파리세계선수권에서 판정 시비 끝에 2위에 오른 것을 제외하고는 1997년 아시아선수권, 1998년 아시안게임, 1999년 같은 해 아시아선수권, 2000년 체코오픈대회, 2001년과 2003년 세계유도선수권대회에서 모두 우승하였다.

계순희 선수가 정말 우수한 것은 어린 선수이던 48kg급

유도영웅 계순희 선수의 기록영화 〈무적의 선수 계순희〉

에서 세계 최고임을 입증한 이후 2001년 독일 뮌헨 세계
유도선수권대회 52kg급에서 금메달을 목에 걸었고, 57kg
급 체급 경기로 옮긴 이후 2003년, 2005년, 2007년 내리
3번 세계선수권을 제패한 점이다. 체급 경기인 유도에서
3개 체급을 석권하고 57kg 체급에서 6년간 정상을 지킨다
는 것은 정말 놀라운 일이다. 세계유도연맹은 2003년 선
수권대회 금메달을 목에 건 계순희 선수에게 '베스트플레
이어상'을 수상하였다.[2]

북한에서는 1992년부터 매년 국내외 대회에서 우수한
성적을 거둔 스포츠 스타 10명을 선정하여 발표하는데, 계
순희는 최우수 선수가 처음 발표된 1992년부터 2004년까

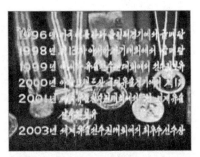

유도영웅 계순희 선수의 기록영화 〈무적의 선수
계순희〉

2) KBS, 『북한백과』, 한국방송공사, 2008.

지 8차례나 최우수 선수에 올랐다. 2010년 은퇴하고는 자신이 속해 있던 모란봉체육단에서 코치로 활동하고 있다.

분단 비극의 육상 스타 신금단

신금단 선수는 1962년 6월 모스크바 국제육상대회 때 400m와 800m에서 세계신기록을 수립한 육상 선수이다. 1964년 도쿄에서 아버지 신문준 씨와 눈물의 부녀 상봉으로 분단의 비극을 실감케 한 인물이기도 하다.

신금단 선수는 1964년 도쿄올림픽에 출전하기 위해 도쿄에 왔다가 당시 서울에 살고 있던 아버지와 13년 만에 상봉했다. 아버지 신씨는 1951년 1·4후퇴 때 헤어진 딸의 올림픽 참가 사실을 신문에서 읽고 단숨에 도쿄로 날아갔다. 부녀는 북한 선수단이 도쿄를 떠나기 직전 극적으로

신금단 선수의 금메달을 보도한 기록영화

만났는데, 고작 7분간의 만남 뒤에 딸은 니가타행 열차를 타기 위해 돌아서야 했다. 아버지는 열차가 떠나는 우에노역으로 달려가 역장실에서 다시 딸을 볼 수 있었다. 3분 뒤 딸은 "아바이 잘 가오."라는 말을 남기고 떠날 수밖에 없었다. 그 10분은 이 세상에서의 마지막 만남이었다.

은퇴 이후 압록강체육선수단과 국가대표의 육상지도원을 역임하였다. 스페인 세비야에서 열린 제7회 세계육상선수권대회 여자마라톤에서 금메달을 딴 정성옥 선수를 발굴하기도 하였다.

북한 최초의 올림픽 금메달 리호준

리호준은 북한 최초의 올림픽 금메달리스트 사격 선수이다. 북한이 올림픽과 인연을 맺게 된 것은 1972년이었

1992년 바로셀로나올림픽 복싱 금메달 최철수 선수

다. 1964년 도쿄 올림픽대회와 1968년 멕시코 올림픽 대회에서는 선수단까지 현지에 파견하였다. 하지만 국제올림픽위원회에서 '조선민주주의인민공화국(DPRK)'을 사용을 허가하지 않자, 개회식을 앞두고 불참을 선언하였었다.

북한이 공식적으로 올림픽에 참가하게 된 것은 1972년 뮌헨 올림픽이었다. 이때부터 올림픽대회에서 '조선민주주의인민공화국(DPRK)'을 사용할 수 있게 되었다. 북한이 처음으로 올림픽에 참가하게 된 1972년 뮌헨 올림픽에서 리호준 선수가 사격 50m 소총 복사 종목에서 600점 만점에 599점이라는 경이적인 기록으로 우승을 차지하였다. 1972년 대회에서 리호준의 금메달을 비롯하여 은 1, 동 3개로 종합 성적 11위를 기록하였다. 반면 그때까지 올림픽에서 금메달을 한 개도 따지 못한 대한민국은 뮌헨 올

올림픽 레슬링 금메달리스트 리학선 선수

림픽대회가 끝난 직후 태릉선수촌을 열고 선수들을 육성하기 시작하였다.

북한 최초의 공화국영웅 정성옥

정성옥은 북한의 대표적인 마라톤 선수이다. 1974년 8월 18일 해주시 광석동에서 출생하여 압록강체육단에서 마라톤 선수로 활동한 체육인이다. 1992년 압록강체육선수단 마라톤 선수로 생활하면서 세계 경기에서 우수한 성적을 기록하기 시작했다고 한다. 당시 평양 압록강체육단에서 정성옥 선수를 발굴한 사람은 신금단 감독이었다.

신금단 감독 밑에서 육상 선수로서 재능을 꽃피우면서 세계적인 선수로 성장하였다. 특히 1998년 8월 스페인 세비야에서 열린 제7회 세계육상선수권대회 여자마라톤에서 우승하면서 이름을 날렸다. 당시만 해도 국제여자 육상에서 정성옥의 이름은 거의 알려지지 않았다. 예상치 못했던 우승으로 전 세계의 주목을 받았고, 북한에서도 최고의 대우를 받았다.

정성옥은 대회 우승으로 1999년 인민체육인, 노력영웅, 공화국영웅 칭호(이중노력영웅)를 받았다. 특히 공화국영웅 칭호를 받은 것은 체육인으로는 정성옥이 처음이었다.

북한의 체육인 중에서 '인민체육인'이나 '로력영웅' 칭호를 받은 체육인은 있었지만 '공화국영웅' 칭호를 받은 사례는 없었다. 체육인 중에서는 정성옥에게 처음으로 공화국영웅 칭호가 주어진 것이다.

북한 체육인 중에서는 특별한 대접을 받았다. 이후에 정성옥 선수는 보통강구역 서장동에 있는 아파트를 선물

정성옥의 우승을 보도한 『로동신문』의 김정일 축하 싸인

로 받았는데, 정성옥이 살면서 아파트 이름도 '정성옥 아파트'로 불리기 시작하였다고 한다. 2000년 1월 5일에는 기념주화 〈마라톤우승자 정성옥〉도 발행하였는데 김일성 주석 이후 개인 기념주화는 처음이었다. 정성옥 선수는 최고인민회의 대의원에 선출되기도 하였다.

남·여 프로복싱 세계챔피온 홍창수와 김광옥

홍창수는 북한 최초의 프로복싱 챔피온이다. 2000년 홍창수가 세계복싱평의회(WBC) 슈퍼플라이급 챔피언에 올랐고, 2001년 6월에 '로력영웅' 칭호를 받았다.

여자 프로복서 김광옥은 2004년 10월에 일본 스가 도시에를 물리치고 북한 최초의 여자복싱 세계챔피언이 되면서 '체육영웅'이 되었다. 김광옥은 국제여자복싱협회(IFBA)가 선정한 '2004년 올해의 복서'에 뽑히기도 하였다. 북한의 프로복싱은 1992년 7월 '프로권투협회'가 결성되었고, 1993년 4월 평양 청춘거리 권투장에서 북한 최초로 '공화국 프로권투선수권대회'가 개최되었다. 이어 1995년 세계권투평의회(WBC)에 가입하였고, 1997년에는 세계복싱협회(WBA)와 범아시아권투협회(PABA)에 가입하였다.

마라톤 선수가 된 벌목공 청년

: 예술영화 〈조선아 달려라〉

마라톤 선수를 꿈꾸는 벌목공 청년

〈조선아 달려라〉는 신필름영화촬영소에서 1985년에 제
작한 예술영화로 김세륜의 영화문학에 박승복이 연출하
고 리정식이 촬영을 담당하였다. 깊은 산골마을 임산 작업
소의 벌목공이었던 주인공이 마라톤 선수가 되려는 꿈을
키워서 마침내 국제 마라톤 경기에 출전하여 우승한다는
줄거리로 체육을 통한 국위 선양을 주제로 한다.

〈조선아 달려라〉의 모델이 된 인물은 최창섭 선수이다.
최창섭 선수는 1975년 제45회 체코에서 열린 국제마라톤

대회에 참가하여 2시간 15분 47초로 우승을 차지하면서 일약 스타가 되었다. 최창섭 선수는 공훈체육인 칭호가 수여하기도 하였다.

전국대회 9등을 한 김영호

영화는 평양종합운동장에서 벌어진 마라톤 경기에서 량강도 선수를 의미하는 마크를 한 마라톤 선수가 힘겨운 모습으로 들어오는 것으로 시작한다. 주인공은 영호라는 청년이다. 〈조선아 달려라〉의 주인공 영호는 세계적인 마라톤 선수를 꿈꾸는 벌목공 청년이다.

평양에서 진행된 대회를 마치고 고향으로 돌아온 영호는 기차역에서 아버지가 운전하는 벌목차를 타려고 하였

최창섭 선수를 소재로 한 영화 〈조선아 달려라〉

다. 하지만 영호의 아버지는 크게 화를 내면서 타지 못하게 하였다. 아버지는 아들 영호에게 "마을 사람들이 다 잠든 다음에 걸어서 들어가"라며 차갑게 말한다.

아버지가 화를 내는 이유는 성적 때문이었다. "마을 사람들의 환영을 받으면서 일등을 한다고 우쭐대던 놈이 겨우 9등" 하는 것을 온 마을 사람들이 텔레비전으로 지켜보았기 때문이었다. 임산작업소 소장 춘보의 반응도 비슷했다. "아무렴 우리 같은 산골 노동자가 뛰면 얼마나 잘 뛰겠는가." 하고는 영호의 꿈이 허황하다고 생각했다. 벌목일이나 열심히 하면 되는데, 임산마을 학교 분교장인 문규가 바람을 넣어서 헛된 꿈을 키우게 되었다고 나무랐다.

다시 벌목공 생활로 돌아온 영호에게 작업소 소장은 "한눈팔지 말고 일에 충실하라"고 말한다. 작업소 소장은 평소에도 체육에 대해서는 부정적이었다. "우리 같은 노동자가 무슨 훈련인가. 작업이 끝나면 휴식을 취해야지." 하면서 영호에게도 마라톤을 그만 두라고 하였다.

용기를 잃은 영호

작업소 소장은 청년들이 체육을 하는 것을 달가워하지 않았다. 영호가 마라톤을 한다는 것도 그렇고, 청년들이

스키장을 만드는 것도 마음에 들지 않았다. 저녁에 청년들이 운동하는 것도 못 마땅했다. 벌목공은 작업이 끝나면 쉬어야 한다고 생각했다. 그런 생각과 달리 마을 청년들은 저녁이면 단체로 운동을 하였다. 영호는 집에서 달리기 훈련을 멈추지 않았다.

작업소 소장에게는 금주라는 딸이 있었다. 의학대학을 졸업하고 체육과학연구소에서 일하는 처녀였다. 금주는 아버지와 달랐다. 청년들이 일하는 것만 보아도 기분이 좋았다. 하루는 집에서 아버지가 두통이 있는 것을 보고는 혈압을 재어 보았다. 혈압이 정상이 아니었다. "운동 부족으로 혈압이 높아졌어요. 체육단련으로 몸을 까야(살을 빼야) 해요." 하면서 아버지에게 운동을 권했다. 작업소 소장은 딸이 아직 어려서 체육 소리나 한다고 무시했다.

아버지와 주변 사람들의 반응에 영호도 자신감을 잃는

다. 영호도 처음부터 훈련을 멈춘 것은 아니었다. 집에서 뛰는 훈련을 하고 있는데, 집으로 돌아온 영호 아버지가 퉁명스럽게 한 마디 했다. "왜 또. 잠잠하더니 몸살이 나냐." 주눅이 든 영호는 훈련도 포기하고 주저앉는다. 마을 청년들이 영호 문제를 두고 토론이 벌어졌다. "한 번 졌다고 체육을 그만 두면 어떻게 하느냐. 이번에는 일등을 해야지." 하면서 영호에게 충고를 주었다. 한편 영호를 지도하는 분교장 문규에게는 친구들이 "영호가 운동을 그만 두어야 한다."면서 마라톤을 그만 두게 하도록 바람을 넣었다.

다시 일어서는 영호

그렇게 좌절하고 있던 어느 날 저녁 체육지도위원회에서 연락이 왔다. 영호가 운동을 그만 두었다는 것을 알고 전화를 한 것이었다. 체육지도위원회에서는 분교장 문규가 있어서 마음을 놓고 있었다면서 훈련을 계속할 것을 이야기 했다. 체육지도위원회에서 전화를 한 것은 그날 경기에서 30km까지는 영호가 신기록을 냈기 때문이었다.

경험이 없어서 마지막까지 페이스를 유지 못했지만 구간 기록은 가장 빨랐다는 것을 알고는 영호에게 적극적으로 마라톤 훈련을 권하고자 전화를 한 것이었다. 그리고는 세계마라톤 대회에 나갈 선수 선발 경기가 있으니 단단히 준비를 하라고 말한다. 이어서 금주 동무를 생각해 보라고 하였다. 금주는 의학대학을 졸업하고는 병원이 아니라 체육과학연구소에 지원하고, 배치를 기다리던 짧은 시간에도 자기 고향 선수들을 돕고자 그곳으로 내려갔다고 알려주었다.

영호는 다시 체육 훈련을 시작했다. 영호는 왕복 60리가 되는 작업장까지 돌아서 달려가겠다는 계획을 밝힌다. 작업반 친구들도 영호를 도와주기로 하였다. 그리고 영호는 작업 도구를 반원들에게 맡기고는 차를 타지 않고, 산길을 돌아서 작업장까지 달려갔다.

이런 영호를 도와주는 이가 있으니 춘보의 딸 금주였다. 금주는 영호의 곁에서 정성껏 도와주었다. 그렇게 국제대

회에 나갈 훈련을 준비하였다. 영호가 일하는 벌목장은 산골이라 눈보라가 거셌다. 눈보라가 거센 날에는 작업도 할 수 없었다. 그렇게 눈보라가 치던 날 영호는 아침 훈련을 포기했다.

영호의 아버지는 그런 영호의 태도를 보면서 화가 났다. "눈보라가 친다고 그만 둔다고, 내가 잘 모르지만 너 한테는 강고분투의 투지가 없어서 꼴지를 한 거야. 일어나거라 오늘은 내가 훈련원이야. 바람이 분다고 속도를 늦출 생각은 아예 말아라." 그리고는 눈보라 치는 벌판에 자전거를 타고 영호의 훈련을 도와주었다.

영호의 아버지도 내심 아들이 마라톤 선수로 성공하기를 기대했던 것이다. 친구인 금주의 아버지가 흉을 보았지만 꿋꿋하게 아들의 훈련을 지원했다. 아버지는 영호의 약한 투지를 강철로 키우고 싶었다. 그렇게 아버지의 의지 속에 훈련을 시작한 영호는 하루도 빠짐없이 작업장까지 달려가기를 반복하였다. 아버지의 마음을 알게 된 영호는 아버지와 금주의 관심 속에 훈련을 하면서 기록을 단축시켜 나갔다.

한편 "꼬쓰제대회 준비위원회"에서는 대회에 참가할 선수들의 훈련 상황을 체크하였다. 선수들을 도와 줄 방법이 고민이었다. 평양에 데려다 훈련을 시키자는 의견이 나왔다. 하지만 일부러 라도 고산에서 훈련을 하는데, 평양까지 불러서 훈련할 필요가 있겠느냐는 의견도 있었다. 영호는 지금 일하는 곳에서 훈련을 하기로 결정하였다. 대신 지도와 관리를 도와줄 인력을 파견하기로 하였다. 지도는 한문규 선생이 있기 때문에 따로 필요가 없고 연구원을 한 명 파견하기로 하였다. 마침 금주동무의 고향이 그 곳이라는 것을 알고 있던 위원회에는 금주를 파견하기로 하였다.

금주는 영호를 돌보기 위해서 여러 장비들을 챙기고는 고향으로 내려왔다. 금주의 아버지는 하나 밖에 없는 딸이 영호를 위해서 산골로 내려왔다는 것에 어이가 없었다. 하지만 금주는 아버지에게 위임을 받고 왔다면서, 작업소에서 보장해 줄 내용을 조목조목 말하였다. 영호는 "훈련에 필요한 사항이라면서 훈련 시간을 보장해 달라. 선수의 음

식을 맞추어 달라."고 요구했다.

본격적인 훈련에 앞서 건강상태를 체크했다. 영호의 맥박이 너무 높았다. 계획 없이 달리기만 하면서 적절한 훈련 방법을 찾지 못한 결과였다. 지나친 훈련으로 몸에 무리가 갔다. 계획을 다시 짜야 했다. 하지만 영호는 "걱정 마오. 내 몸은 일 없소. 기분도 좋다"고 하였지만 금주는 "이것은 과학이예요" 하면서 자신의 계획대로 영호를 훈련시켰다.

사랑도 뒤로 하고 훈련하는 영호

영호는 자신을 도와주는 금주를 보면서 사랑을 느꼈다. 금주를 바라보던 영호의 심장에 이상이 생겼다. 놀란 금주가 마이크로 영호에게 물었다. "심장이 이상해요. 심장이 왜 그래요." 하면서 좀 누워있으라면서, 원인을 물었다. 영호는 자신의 속도 몰라주는 금주가 야속했다.

원인을 재촉하는 금주에게 영호가 말했다. "원인이야. 동무 자신이지 뭐야. 나는 동무를 사랑하오. 난 이태까지 살아오면서 가장 하기 힘든 말을 이제 하였오."라면서 사랑을 고백하였다. 그렇게 금주와 영호가 대화하는 것을 영호 아버지가 보았다. 영호 아버지는 "훈련을 해야 할 네가

머릿속에 오만가지 생각이 들어 차 있기에 기록이 갱신되지 못하는 것을 모르고 있었다. 야심을 가져야지. 패권을 잡아보겠다는 야심을…"면서 영호를 나무랐다.

청춘인데 사랑이 왜 없겠나. 나는 모든 운동 중에 마라톤이 가장 힘들다고 생각한다. 오죽 힘들었으면 선수들은 105리가 넘는 길을 두 시간 남짓하여 달릴 때 살아 온 일생을 생각한다지. 그래도 영호는 달리지. 먹고 살 걱정이 없는 우리나라에서 돈이 그리워 달리겠나. 아니지 나는 그것이 사랑이라고 생각하네. 애인, 부모형제, 고향산천 이 귀정한 것을 한 품에 안은 조국에 대한 사랑이 이 모든 고통을 이겨내는 게 아니겠나. 난 영호의 금주에 대한 사랑도 이 숭고한 사랑과 잇닿아 있다고 생각해.

—〈조선아 달려라〉 대사 중에서

영호의 어머니는 영호를 달랬다. "청춘인데 사랑이 왜 없겠나. 나는 모든 운동 중에 마라톤이 가장 힘들다고 생각한다. 오죽 힘들었으면 선수들은 105리가 넘는 길을 두 시간 남짓하여 달릴 때 살아 온 일생을 생각한다지. 그래도 영호는 달리지. 먹고 살 걱정이 없는 우리나라에서 돈이 그리워 달리겠나. 아니지 나는 그것이 사랑이라고 생각하네. 애인, 부모형제, 고향산천 이 귀정한 것을 한 품에 안은 조국에 대한 사랑이 이 모든 고통을 이겨내는 게 아니겠나. 난 영호의 금주에 대한 사랑도 이 숭고한 사랑과 잇닿아 있다고 생각해."

영호는 금주를 찾아가 결심을 밝혔다. "날 용서하고 아무 일도 없었던 걸로 생각해줘. 앞으로 나의 모든 열정은 꼬스쩨에서 일등하는 데 바쳐질 거야. 내가 일등하지 못하면 앞으로 영원히 동무도 찾지 않을 거요." 영호의 진심을 알게 된 금주는 영호의 마음을 받아들였다.

선발전에서 생긴 일

다시 굳은 결심을 한 영호는 훈련에 더욱 박차를 가하였다. 겨울이 지나고 봄꽃이 필 때까지 영호는 근력과 지

구력을 강화하기 위한 훈련에 매진했다. 매일 같이 뛰고 또 뛰는 것을 물론 다리 힘을 키우기 위해 통나무를 매달고 달렸다. 그렇게 훈련을 거듭하면서 영호의 기록도 좋아졌다. 마지막 훈련으로 평소보다 한 배 반이나 더 달리고는 훈련을 마무리했다. 금주는 내일 출발하기에 앞서 오후에는 훈련을 멈추고 내일까지 휴식을 취하기로 하였다.

그런데 문제가 생겼다. 금주의 아버지가 혈압으로 쓰러졌다. 가벼운 뇌혈전이 왔다. 진료소에는 혈전용해제가 떨어졌다. 금주가 아버지를 돌보고 영호가 가져오기로 하였다. 영호가 차를 타고 약을 구하려 가는 도중 차가 고장났다. 무리한 운전으로 자동차 기관이 녹는 큰 고장이었다. 계속 산길로만 달린 차량이 고장 난 것이다.

영호는 아버지의 벌목차를 생각했다. 영호 아버지가 운전하는 벌목차가 저만치 달려가고 있었다. 영호가 벌목차

를 뒤쫓아가기 시작했다. 차에 타고 있던 영호 아버지는 영호가 내일 출발에 앞서 마지막 훈련을 한다고 생각하고는 그대로 달렸다. 영호가 "아버지"를 부르면서 달리자, 영호 아버지는 "우리와 경쟁을 하겠다"고 생각하고는 속도를 올렸다. 그렇게 해서 영호는 군까지 달려갔다.

그렇게 해서 영호는 약을 구하려 군까지 뛰어갔다. 170여 리를 뛰어서 약을 구해 오고는 쓰러졌다. 다음날 기차를 타고 경기장에 도착한 영호는 대회에 참가하였다. 영호는 경기 시작부터 앞서 나가기 시작하였다. 귀환점(반환점)까지 영호는 무리 없이 선두그룹에서 달렸다. 30km의 고비를 넘기고 선두로 나서기 시작했다. 영호의 독주가 시작되었다. 하지만 조금씩 몸에 무리가 오기 시작했다. 금주도 영호의 몸에 이상이 왔다는 것을 알았다. 조금씩 뒤로 쳐지기 시작했다. 결국 결승점인 김일성종합경기장을 앞두고 쓰러졌다. 겨우 일어난 영호는 "뛸 수 있어. 난 뛸 수 있다"고 다짐하였다.

그렇게 경기장 안으로 들어온 영호는 전날 무리하게 달린 후유증을 이기지 못하고, 결승점을 200m 앞두고 쓰러졌다. 대회 탈락이었다.

국제 마라톤 대회에 출전하게 된 영호

대회에서 탈락한 영호가 고향으로 돌아왔다. 돌아온 작업반장은 사정도 모르고 영호에게 마라톤을 그만 두고 벌목일이나 잘하자고 하였다. 다시 작업반에서 일을 하게 된 영호를 찾는 손님이 왔다. 체육위원회에서는 영호가 전날 170여 리를 달리고 대회에 참가하게 되었다는 것을 알고는 영호를 국제 경기에 참가시킬 계획을 알려주었다. 그렇게 영호는 다시 국제대회 참가 일원으로 출전할 수 있게 되었다. 영호는 마을 사람들의 뜨거운 응원을 받으며 훈련을 받으러 평양으로 떠났다.

그리고 얼마 후 국제 마라톤 대회 선수로 출전하게 되었다. 대회가 열리는 날 마을 사람들은 한 자리에 모여서 텔레비전으로 중계되는 국제 마라톤 대회를 지켜보았다.

국제 마라톤 대회는 스웨덴, 노르웨이, 멕시코를 비롯하여 세계 각국에서 모인 2천여 명이 참가한 대규모 경기였다. 10km에서 지점까지 북한 선수는 보이지도 않았다. 10km를 지나는 시점에서 김영호가 선두권으로 올라섰다. 반환점을 돌아 30km를 지나면서 마침내 선수들을 제치고 선두로 나섰다. 이후 페이스를 잃지 않은 김영호 선수는 세계 마라톤계의 예상을 깨고 마침내 결승선을 가장 먼저 통과하였다.

마을 사람들도 모두 영호의 경기를 보기 위해 한 자리에 모였다. 텔레비전으로 마라톤 대회를 지켜보고 있던 마을 사람들은 영호가 1등으로 경기장에 보이자 기쁨의 눈물을 흘렸다. 금주의 아버지도 감격의 눈물을 흘리면서 영호 아버지를 축하해 주기 위해서 영호 아버지에게 달려갔다. 영호 아버지도 금주 아버지를 찾아 나섰다. 결혼하기로 약속해 놓고도 '짝이 진다고 취소하자'고 했던 금주 아버지 콧대를 눌러 주고 싶었다.

중간에서 만난 두 사람은 마을 사람들이 지켜보는 가운데 서로에게 쌓였던 감정을 풀었다. 영호 아버지는 금주 아버지에게 단단하게 일렀다. "텔레비전을 봤지. 이래도 산골내기는 일등을 못한다고 말할 테야." 금주아버지가 대답했다. "내가 언제. 내가 겉으로는 그렇게 말 했을지 몰라도 마음속으로는 확신하고 있었단 말이야. 영호처럼 인내성을 가지고 달라붙는 데야. 왜 성공을 못하겠나." 두 사람의 이야기는 혼사 문제로 이어졌다.

"그래도 짝이 진다고 말할 건가.", "내가 언제. 나는 그런 말 한 적이 없네." 하면서 금주 아버지는 영호 아버지의 손을 잡았다. 금주 아버지는 말을 이었다. "여보게. 지금까지 했던 말을 다 잊고. 지금부터라도 부족한 내 딸을 며느리로 생각해 주게." 두 사람은 웃으며 화해하였다.

북한에서는 〈조선아 달려라〉에 대해서 "조국을 무한히 사랑하는 사람만이 조국의 영예를 떨칠 수 있다는 의의 있는 문제를 예술적으로 흥미 있게 보여"준 작품, "우리 당이 제시한 체육의 대중화방침의 정당성과 사회주의제도의 우월성을 폭넓게 일반화"한 작품으로 평가한다.

장군님 계신 하늘까지 달린 여성 마라토너

: 예술영화 〈달려서 하늘까지〉

공화국영웅 정성옥

〈달려서 하늘까지〉는 2000년 조선예술영화촬영소에서 제작한 93분 길이의 예술영화로 여성 마라토너 정성옥을 소재로 한 실화영화이다.

〈달려서 하늘까지〉는 1998년 8월 스페인 세비야에서 열린 제7회 세계육상선수권대회 여자마라톤에서 우승한 사실을 바탕으로 만든 영화이다. 정성옥 선수는 1998년 우승하면서 일약 북한 최고의 스타로 떠올랐다. 북한에서 는 엄청난 대접을 받았다.

북한 언론에서는 '세계가 놀란 사변'이라는 표현을 쓰면서 정성옥 선수의 우승을 대서특필했다. 뿐만 아니라 정성옥 선수가 귀국하는 날을 임시공휴일로 선포하면서 100만 명이 넘는 인파들이 모여서 대대적인 귀국환영행사를 벌였다. 정성옥은 인민체육인, 노력영웅, 공화국영웅 칭호 (이중노력영웅)를 수여받았다. 특히 공화국영웅 칭호를 받은 것은 체육인으로는 정성옥이 처음이었다.

'고난의 행군' 극복의 상징, 정성옥

정성옥 선수를 특별하게 대접한 이유는 고난의 행군과 관련된다. 정성옥 선수가 제7회 세계육상선수권대회 여자마라톤에서 우승한 1998년은 북한에서 '고난의 행군'을 이기고 승리한 해로 선전하는 '고난의 행군' 극복이라는

상징적인 의미가 있는 해이다.

고난의 행군만큼 어려움을 이긴 상징적인 인물이 필요하였던 것이다. 무명의 선수에서 일약 세계적인 선수로서 위상을 떨친 정성옥에게 관심을 두는 것은 당연한 일이었다. 위축되었던 북한 주민에게 힘과 용기를 줄 수 있는 인물이 필요했다. 이런 상황에서 세계마라톤대회 우승은 북한 당국이 기대하던 소식이었다.

〈달려서 하늘까지〉에서 주목하는 것은 현실에 안주하려는 자세를 돌파하는 정성옥의 태도이다. 영화는 세계여자마라톤대회에서 우승하고 돌아오는 정성옥을 환영하는 장면으로부터 시작한다. 마라톤 여왕을 뜨겁게 맞이하는 환영의 인파 속에서 아시아남자마라톤 패권자인 김출일은 정성옥을 처음 만났던 때를 회고한다.

출일은 대동강변에서 경기용 초시계를 떨어뜨렸는데, 그 초시계를 정성옥이 발견한다. 정성옥은 시계를 돌려주는 대신에 자신의 연습 대상이 되어 줄 것을 요구한다. 이렇게 서로 알게 된 둘은 보다 높은 목표를 내걸고 훈련을 하면서 서로를 격려하였다. 하지만 애틀랜타에서 열린 대회에서 정성옥이 19위를 하면서 논쟁이 벌어진다.

기대했던 정성옥 선수가 19등을 하자 일부 체육인들이 나서서 여자 마라톤이 승산이 없으니 포기하자고 주장하였다. 총화에서 정성옥은 좋은 성적을 내지 못한 것을 감독의 책임으로 돌렸다. 정성옥의 주장에 충격을 받은 명국 감독은 불치병을 핑계로 마라톤에서 은퇴하였다. 정성옥은 뒤늦게 마라톤 지도원 동지에게 사과를 하지만 상황은 심각해진 이후였다. 훈련국장도 마라톤 종목의 출전에 대해 회의적인 시각을 갖게 되었다.

　마라톤 선수로서 재능을 보이면서 일취월장하던 정성옥 선수가 마라톤을 그만 두게 되는 상황에 이르렀다. 정성옥은 크게 낙담하였고, 고향으로 돌아간다. 정성옥은 고향에서 재기를 다진다.

　'패배자'의 모습으로 고향에 돌아온 정성옥은 아버지로부터 뼈아픈 충고를 듣고, 시련 속에서도 장군님만 믿으며 붉은기를 지켜 가는 고향사람들의 영웅적인 투쟁모습에서 나약했던 자신을 돌아보았다. 마을 사람들의 충성스러

운 모습을 보면서 용기를 냈다. 하지만 자신감을 잃고 마라톤 선수로서 삶을 포기하려고 했던 정성옥은 쉽게 마음을 잡지 못했다.

정성옥의 아버지는 의기소침해 있는 성옥에게 희망과 용기를 심어주려고 노력하였다. 아버지의 용기와 격려는 정성옥이 다시 마라톤 훈련을 하는 데 큰 힘이 되었다. 성옥의 아버지는 마라톤 훈련을 도우면서, 세계적인 선수가 되어서 장군님의 사랑에 보답해야 한다는 것을 일러 주었다.

정성옥이 마음을 바로 잡지 못하는 이유의 하나는 자신의 비판으로 마라톤 계를 떠나게 된 지도원에 대한 죄책감도 있었다. 그런 정성옥에게 희소식이 날아왔다. 체육계에서 정성옥에게 다시 운동할 수 있는 기회를 주려고 한다는 소식이었다. 다시 마라톤을 할 수 있게 될지도 모른다는 소식을 들으면서, 정성옥은 안일한 생각으로 저조한

마라톤 성적을 거두었던 과거를 반성하였다. 그리고는 조국 앞에 지은 죄를 땀으로 갚기로 다짐하였다. 그런 정성옥에서 기쁜 소식이 들려왔다.

조국의 명예는 두 다리가 아니라 심장으로, 육체가 아니라 정신으로 빛내야 한다.

—〈달려서 하늘까지〉 대사 중에서

좌절, 그리고 재기

장군님이 마라톤의 중요성을 지도하면서 '해체된 선수들을 복귀'시켜 본격적인 훈련을 받을 수 있도록 배려하도록 하였다는 소식이 이었다. 여자마라톤 해산 문제를 올린 훈련국장의 편지를 받은 장군님이 "체육의 상징이며

조선 사람의 체질에 맞는 마라톤 종목을 적극 장려해야 한다.”고 하시면서 흩어진 감독들과 선수들을 다 데려오도록 조치를 취했다는 소식이었다. 장군님의 깊은 뜻에 감격한 정성옥은 굳은 마음을 먹고 다시 훈련에 참가하였다.

정성옥의 입장에서는 다시없는 기회가 온 것이다. 조국과 민족 그리고 장군님의 크나큰 은혜에 보답하겠다고 다짐하면서, 정성옥은 밤낮 가리지 않고 뛰고 또 뛰었다. 오로지 세계 대회에서의 승리를 통해 조국에 보답하고자 노력하였다. 우승으로 가는 길에 또 다른 복병이 있었다. 열심히 준비하고 훈련을 하면서 세비야 대회 참가를 준비하였던 정성옥에게 부상당했던 다리에 다시 문제가 생긴 것이다. 좌절한 정성옥은 이동훈련에 참석하지 못하고 좌절하였다. 다시 위기가 찾아 온 것이다.

조국의 명예는 심장으로 빛내야 한다

정성옥의 지도자인 명국이 정성옥의 마음을 다 잡았다. 명국 감독을 정성옥에게 “조국의 명예는 두 다리가 아니라 심장으로, 육체가 아니라 정신으로 빛내야 한다.”면서 호되게 꾸짖었다. 그런 명국 감독을 보면서 정성옥은 재활에 대한 의지를 불태우고, 다시 이동훈련장으로 떠났다.

훈련장에서 훈련을 하면서도 정성옥은 장군님 소식을 들으면서 나태했던 자신을 돌아보았다. 정성옥은 '장군님의 크나큰 사랑에 보답'하고자 초인적인 힘으로 훈련에 복귀해서 훈련에 전념하였다.

마침내 세비아에서 열린 육상대회에 참석한 정성옥은 조국의 하늘을 바라보면서 승리에 대한 열정으로 달리고 또 달렸다. 정성옥의 머리에는 조국의 시련과 인민의 아픔을 한몸으로 막고 있는 장군님 생각뿐이었다.

북한 주민들에게도 정성옥과 같은 그런 충성심을 요구하기 위한 설정이라고 할 수 있다. 북한 주민들에게 지도자에 대한 충성, 언제나 한결같은 마음으로 지도자를 생각하는 정성옥과 같은 인물이 필요하였다. 그리고 정성옥으로 하여금 '장군님의 은혜를 생각하도록 일깨워준 마라톤 지도자인 명국이나 정성옥이 흔들릴 때 장군님에 대한 충

정으로 일어설 수 있도록 이끌어 주는' 정성옥의 아버지 같은 인물이 필요하였다.

영화의 마지막에는 노력영웅이 된 정성옥을 바라보는 정성옥의 아버지가 '장군님의 은혜를 잊지 말자'고 다짐한다. 바로 이 장면이 북한이 〈달려서 하늘까지〉를 통해 전달하고 싶은 메시지인 것이다.

레슬링 선수의 우정과 조국애

: 예술영화 〈세 번째 금메달〉

체육인의 우정과 경쟁

〈세 번째 메달〉은 조선예술영화촬영소 삼지연창작단에서 제작한 예술영화로 최정찬의 영화문학에 림창범이 연출하였다. 세계레슬링선수권대회를 2연패한 레슬링 강자 김동철과 그의 친구이자 훈련파트너였던 박성길 두 사람의 조국애와 우정을 줄거리로 한다.

부상으로 출전할 수 없게 된 동철이 성길을 도와 세계레슬링선수권대회에서 금메달을 딴다는 줄거리이다. 체육 선수이면 누구나 할 것 없이 조국을 위한 금메달을 따서, 조국의 명예를 드높이자는 것이 주제이다.

세계선수권대회 2연패의 강자 김동철

영화는 시원스럽게 펼쳐진 강물 위로 모터보트가 달리는 장면으로 시작한다. 모터보트에 탄 주인공은 김동철. 레슬링 선수인 동철은 세계레슬링선수권대회를 두 번이나 제패한 레슬링 강자였다. 동철이 세계선수권대회에서 금메달을 따고 돌아와 모처럼 강가에서 보트를 타면서 휴식을 취하고 있었다. 보트에 함께 타고 있는 사람은 동철의 훈련 파트너인 성길과 동철의 건강을 관리하는 선이 선생이었다. 선이에게서 축하의 말을 받은 동철은 성길 동무나 선이 선생에게 감사를 돌린다.

세계선수권대회를 앞두고 동철은 이번에도 반드시 세

번째 금메달을 따겠다고 각오를 다졌다. 세계선수권대회를 앞두고 열린 최종 검열 경기에서도 월등한 기술로 앞서 나갔다. 그런데 뜻하지 않은 사고가 생겼다. 동철이가 팔을 다친 것이었다. 상대는 동철의 절친이자 상대 훈련 선수인 성길이었다.

동철의 부상은 이번이 처음이 아니었다. 세계선수권대회에서 상대 선수의 반칙으로 팔을 다친 이력이 있었다. 바로 그 부위를 다친 것이었다. 동철의 문제를 토의하기 위한 회의가 열렸다.

의사협회에서는 동철의 부상이 심각하다며 쉬어야 한다는 의견을 제출했다. 동철이 부상당한 몸으로 지난 번 세계선수권대회에 출전한 것 자체가 기적이라고 하였다. 의사협회에서는 전문 병원에서 6개월 정도는 치료해야 한다고 판정하였다. 동철은 4개월 후면 세계선수권대회를 나가야

했다. 동철은 출전 불가능 진단을 받았다. 레슬링 감독은 동철에게 비밀로 하자고 하였다.

동철에게 닥친 시련

동철이 부상을 당하자 체육위원회에서는 금모래컵대회에 성길을 출전시키기로 결정하였다. 대회에 나간 성길은 잘 싸웠지만 존 스테일 선수를 만나 패하고 돌아왔다. 존 스테일은 미주 선수권 보유자이며 올림픽 메달 소유자인 동철의 라이벌이었다. 동철에게 두 번이나 세계선수권 금메달을 빼앗기고는 절치부심 복수를 노리고 있었다.

병상에 누워 있던 동철은 금모래컵대회에서 패하고 돌아온 성길에게 존 스테일의 기사가 실린 신문을 보여주었다. 존 스테일은 라이벌인 동철인 한 급 낮은 금모래컵에

일부러 나오지 않았다고 생각하였다. 존 스테일은 기자 회견에서 김동철에게 도전장을 내 밀었다. '나는 성길을 이긴 것을 기쁘게 생각하지 않는다'면서, '나는 기어이 세계선수권대회에서 김동철을 이기고 레슬링 생활을 마감하겠다. 그러기 위해 나는 로키산맥에 올라가 야생 속에서 훈련하겠다'고 밝혔다.

신문 기사를 본 동철이 병원을 나와서 훈련장에 왔다. 다시 훈련을 해서 세계선수권대회에서는 기어이 금메달을 따겠다고 결심하고는 체력 훈련을 시작하였다. 보다 못한 성길이 나서서 막았다. 성길이 말리는 것을 본 동철은 성길에게 사실을 말하라고 다그쳤다. 성길은 "이번 대회에 출전할 수 없다는 판단이 나왔다."면서 사실을 털어 놓았다.

똑똑히 알아보라. 너와 나의 명예보다 조국 앞에 서있는 체육인의 명예가 몇 갑절 더 귀중하단 말이다. 알겠는가.

—〈세 번째 금메달〉 대사 중에서

조국을 위해 한몸이 된 동철과 성길

낙담한 동철은 세계선수권대회에 앞서 선수단을 위한

만찬 자리에서 했던 말을 생각했다. 동철에게 소감을 말하라는 제안을 받은 동철은 "예. 저는 저의 체급에서 금메달을 놓지 말라는 당의 뜻을 받들겠습니다."고 소감을 밝혔다.

체육위원회에서는 동철에게 요양을 보내자는 의견이 나왔다. 그렇게 해서 요양을 가게 된 상황에서 동철은 성길이가 생각났다. 금메달은 내 개인을 위한 것이 아니라 바로 조국의 명예가 걸린 일이라는 것을 생각한 동철은 자신의 기술을 성길에게 가르쳐 조국의 명예를 드높이면 되겠다고 생각했다. 동철은 체육위원회 부서기장을 찾아가 자기의 기술을 성길에게 가르쳐 주겠다면서, 자기 대신 성길을 보내달라고 간청했다.

하지만 부서기장은 부정적이었다. 동철이가 기술을 가르쳐 주다가 팔 부상이 깊어지면 영영 불구가 될 수도 있었기 때문이었다. "성길이가 대신해서 경기에 나갈 수도

있겠지만 한두 달 사이에 어떻게 기술을 배울 수 있겠느냐?"고 반문했다. 성길도 쉽게 받아들이지 않았다. 친구의 팔이 완전히 상할 수도 있는데, 금메달을 따자고 그렇게 할 수는 없다면서, '못 나겠다'고 거절했다.

동철은 준엄하게 동철을 꾸짖었다. "똑똑히 알아보라. 너와 나의 명예보다 조국 앞에 서있는 체육인의 명예가 몇 갑절 더 귀중하단 말이다. 알겠는가." 그렇게 동철은 성길을 뒤로 하고 돌아왔다.

동철이 돌아간 다음 성길은 마음을 바꾸고는 동철을 찾아갔다. 성길은 "내 기어이 널 대신해서 조국의 세 번째 금메달을 꼬옥 쟁취하겠다. 조국의 명예를 걸고…". 그렇게 동철 앞에서 다짐을 했다. 체육단에서도 동철의 진심을 받아들여 성길이를 보내기로 결정하였다. 동철은 팔이 온전하지 않았지만 성길의 스파링 파트너를 자청하고 나섰다. 그리고는 자신의 기술을 성길에게 가르쳐 주었다. 성길은 열심히 훈련을 하면서 동철의 기술을 배웠다.

한몸으로 세계선수권대회를 제패한 동철과 성길

동철의 지도와 헌신 속에 피땀을 흘리며 훈련한 성길이 드디어 세계선수권대회에 참가하였다. 동철도 코치 자격으로 성길과 함께 대회에 참석하였다. 외신 기자들이 김동철 선수에게 몰려와 인터뷰를 요청했다. 동철은 기자들에게 "나는 이번 대회에 참석하지 못하게 되었습니다. 이번에는 이 박성길 선수가 조선에 세 번째 금메달을 안겨줄 것입니다."라고 하면서 박성길 선수를 잘 소개해 달라고 부탁하였다. 그때 존 스테일 선수가 나섰다. 존 스테일은 이번에도 가장 강력한 경쟁자로 동철을 생각하고 있었다. 그런데 성길이가 나왔다는 것을 알고는 실망했다. 존 스테일은 김동철에게 말했다. "여보시오. 당신은 나를 우롱하는 거요. 나는 당신과의 복수전을 내 명예를 걸고 선언했단 말이요." 김동철이 대답했다. "그렇소 존, 나 역시 조국의 명예를 걸고 한 대답이요."

성길은 여러 선수들을 물리치고 결승전에 올랐다. 결승전 상대는 동철의 라이벌이자 복수를 꿈꿔왔던 존 스테일

선수였다. 하지만 죤 스테일 선수는 결승에는 관심이 없었다. 결승전을 앞두고는 술집을 찾았다. "결승전이라는 것을 잊었느냐?"는 감독에게 죤 스테일이 말했다. "조선의 김동철이 나오지 않은 경기는 의미가 없다."고 말했다. 감독은 "자만하지 말게. 박성길 선수의 코치가 김동철이라는 걸 잊지 말라."고 하였다.

그 시간 박성길은 죤 스테일과 있을 경기를 생각했다. 금모래컵대회에서 진 적이 있는 박성길은 마음이 무거웠다. 그런 성길을 동철이 격려했다. "금메달이 나의 메달이 아니라 조국의 메달이라는 것을 명심해라. 알겠지."

결승전에서 죤 스테일과 맞붙은 성길은 경기 중반까지 뒤지고 있었다. 성길이 공격하였지만 잘 먹히지 않았다. 하지만 기회를 잡은 성길은 동철이 알려준 기술을 이용해 점수를 벌었고, 마침내 경기를 뒤집는데 성공하였다. 그러

자 존 스테일은 점수가 아닌 폴로 이기기 위한 작전으로 나왔다. 성길에게 위기가 찾아 왔다. 그렇게 폴패를 당하기 직전까지 왔다. 그 순간 "성길이! 일어나라!"는 동철의 외침이 들렸다. 성길은 자신 때문에 세계선수권대회에 출전하지 못하게 된 동철이 조국의 금메달을 따기 위해 헌신적으로 지도했던 지난 시간이 주마등처럼 지나갔다. 성길은 힘으로 존 스테일을 이겨내고는 엎어치기 기술로 경기를 끝냈다. 시상식이 끝난 다음 성길은 동철에게 금메달을 주면서 함께 기뻐하였다.

경기가 끝나고 나오는데, 존 스테일 선수가 다가왔다. 동철에게 말했다. "나는 당신과 당신의 동료에게 졌소. 하지만 당신도 별로 기분이 좋지 않을 것 같소? 당신은 지난번에 세 번째 금메달을 약속하지 않았소. 그러니 당신도 내 처지와 마찬가지가 아니겠소."

동철은 웃으면서 대답했다. "오늘의 금메달이 박성길의 금메달이든 김동철의 금메달이든 조선의 금메달이 아니요. 그러니 우리는 세 번째 금메달도 쟁취했단 말이요.", "'우리'라니?", "존 당신은 '나'라는 말을 할 수 있겠지만 '우리'라는 말뜻을 잘 모를 수도 있을 게요. 우리는 언제나 자신의 명예와 조국의 명예를 띄어 놓고 생각한 적이 없소. 그것은 조국의 명예 속에 나의 명예가 있기 때문이요." 라고 말하고는 돌아섰다.

금메달을 따고 돌아온 동철과 성길은 가족과 친척의 열렬한 환호를 받았다. 성길의 어머니는 동철이에게 진심으로 고맙다고 말했다.

제5부 체육과 생활

생활 체육

북한 체육의 한 축은 생활 체육이다. 북한 체육의 목적은 '체육의 생활화 및 대중화를 통한 노동과 국방에 기여하는 데 있다'고 규정한다. 엘리트 체육보다는 대중체육

(우리의 생활 체육)에 체육정책의 무게를 두고 있음을 분명히 한 것이다.

생활 체육 진흥을 위해 매월 둘째 일요일을 '체육의 날'로 정하였다. 특별히 10월 둘째 일요일은 '체육절'로 정해서 생활 체육활동을 권장하고 있다. 청소년들의 체육활동은 학생들의 건강 증진이라는 일차적 목적과 함께 혁명 투쟁의 과정에서 필수적인 체력 문제가 포함되어 있다.

체육은 국가 근대성의 중요한 축이다. 강한 국가를 만들기 위해서는 강한 군대와 강한 국민이 있어야 한다. 국민들의 건강한 육체가 국가 발전의 중요한 문제인 만큼 국가적 차원에서 체력을 관리하는 것이다.

생활 체육을 대표하는 것으로 체육 소조가 있다. 북한 전국 지역의 공장·기업소·협동농장에는 예술 소조와 함께 태권도·농구·축구·배구·탁구 등 종목별 체육 소조가

체육 사업의 중요성을 강조한 영상물

조직되어 있다. 태권도 소조의 경우에는 그 숫자가 수만 개에 이르며, 농구 소조도 수천 개가 있는 것으로 알려져 있다.

주민들에게 가장 많이 보급된 생활 체육 종목은 건강태권도와 대중율동체조(에어로빅)이다. 1993년경부터 등장한 건강태권도와 대중율동체조는 체력적인 부담이 적어 누구다 쉽게 따라할 수 있도록 개량한 것이다.

건강태권도는 태권도 동작 중에서 가려서 동작이 복잡하지 않도록 재구성한 것이다. 건강태권도는 음악에 맞추어 3분 정도로 구성되었다. 체력 부담이 적어 어린이와 노약자들이 즐겨한다. 외에도 노약자나 어린이들을 위한 '노인태권도'와 '소년태권도'도 따로 개발되어 보급하고 있다. 국가체육지도위원회 체육과학연구소에서 개발한 대중율동체조는 누구나 쉽게 배울 수 있는 체조동작으로 음악에 맞춰 5분 동안 진행된다. 1995년부터는 '어린이용 체조'와 '노인용 체조'를 만들어 보급하고 있다.

직장 체육

　북한은 집단적 규율생활을 하는 것을 원칙으로 하고 있
다. 음악·무용·연극 등의 여가활동도 개인보다는 직장이

일반인과 직장인의 농구대결을 소재로 한 〈가족
농구선수단〉

나 인민반을 통해 집단적으로 하는 경우가 대부분이다.

체육활동의 목적 역시 '혁명과 건설을 촉진시킬 수 있는 강한 정신 및 육체적 힘을 키워'주는 데 있다. 이를 통해 '혁명과 건설의 성과적 실현에 적극 기여'할 수 있도록 하는데 목적을 둔다. 자연 개인의 취미활동보다는 집단주의 정신 함양과 체력 향상을 통한 노동력과 국방력 증대, 정치적 일체성에 초점을 두고 있다.

일반 근로자들이 선수로 구성되고 직장이나 기업소 간의 대결로 이루어지는 직장체육대회는 상당히 인기 있는 생활체육, 직장 체육의 일부로 활용되고 있다. 직장체육대회는 명절을 계기로 진행된다. 북한의 주요 명절인 2월 16일, 4월 15일, 9월 9일, 10월 10일 등 1년에 2~3번 정도 군에서 조직하는 체육 경기에 참가하는데 이때는 공장, 기업소별 대항 경기를 한다. 작은 기업소에는 체육 소조가 없지만

체육대회의 상품 드라마 〈벚꽃〉 중에서

웬만큼 큰 공장, 기업소에는 체육 소조가 따로 있다.

체육 경기가 있는 한두 달 전부터 직장에서 집중적으로 체육훈련을 하기도 한다고 한다. 일반인들은 대회를 할 때 돼지 1~2마리, 술, TV 등을 걸고 경기를 하기 때문에 인기가 대단하다고 한다. 체육대회에 걸리는 상품은 기업소에서 돈으로 마련하는데, 작은 기업소의 경우에는 2~3개 기업소를 묶어서 내기도 한다.

북한에서는 집단적 경쟁이 치열하기 때문에 사람들은 자기기업소가 지면 무시당한다고 생각하기 때문에 이기려고 애쓴다. 시, 군(구역)급의 대항 경기에서 이기면 양동이 같은 상품을 주기도 한다고 전해진다. 회사에서 하는 체육 경기에는 사람들이 경기에 나가지 않아도 구경을 하기 위해서 먹을 것을 싸오고 모자도 단체로 맞추고 응원 도구 등도 준비해 온다.

문화예술인종합체육대회, 출판보도일군체육대회, 비생산부문일군체육대회, 성중앙일군체육대회 등 소위 전문직이나 사무직도 대회를 한다. 특히 문화예술인체육대회는 영화배우·연극인·아나운서 등 인기인이 집결한 체육대회로서 이 대회가 열리면 사람들이 구름처럼 몰려와서 영화배우나 아나운서, 가수가 공을 차는 모습을 구경하며 즐거워한다고 한다.[3]

김정은 정권 들어서는 체육 강국 건설에 열을 올리면서 기관이 참가하는 내부 체육대회에서 상품으로 TV와 냉장고까지 내걸기 시작했다.

　지난 2016년 첫 내각 일꾼들이 참가하는 축구대회를 개최하였다. 북한의 내각은 국방 분야를 제외한 대부분의 행정 및 경제 관련 사업을 관할한다. 내각일꾼들이 참가하는 축구대회에서는 성·중앙기관 등 내각 소속 100여 개 팀이 참가한 축구경기대회가 진행되었고 12월 11일 평양 김일성경기장에서 결승전이 열렸다. 이 대회에는 역대 최고급인 승합차가 1등 상품으로 등장했다. 이 자리에는 권력서열 2인자였던 최룡해 노동당 중앙위원회 부위원장(국가체육지도위원회 위원장)이 시상에 참석했다.

---

3) 박영옥, 『KBS 북한백과』, 2006.

수중무용의 향연

: 텔레비죤극 〈갈매기〉

이 땅에서 우리 인민들이 좋아하는 수중무용을 하겠오.

—〈갈매기〉 대사 중에서

발레에 대한 편견을 없애라

〈갈매기〉는 조선중앙방송위원회 텔레비죤극창작단에서 2001년에 제작한 2부작 텔레비죤드라마로 방영 당시 상당한 인기를 모았다. 딸이 도서관 사서가 되기를 원하는 완고한 아버지가 딸이 좋아하는 수중무용(싱크라나이징) 선수로 키우려는 어머니와 딸의 진로 문제로 티격태격 하다가 창광원의 훌륭한 시설과 수중무용 선수들을 보면서 수중무용에 대한 부정적인 시각을 버리고 적극적으로 수중무용을 후원하게 된다는 줄거리이다. 수중무용 선수들이 등장하는 수중발레 장면이 상당히 많이 나오면서 볼거리를 제공한다는 점이 특기할 만하다.

여성 체육인에 대한 시선

영화는 동해안 환경 조사를 위해 촬영과 기록을 위해 나온 수질연구소의 철성과 명일이 바닷가 자연 환경을 촬영하는 장면으로 시작한다. 철성과 명일이 촬영을 하다가 바닷가에서 한 무리의 처녀들이 무용하고 있는 모습을 본다. 수중무용 선수들이 훈련을 하는 장면이었다.

장면이 바뀌면서 이야기가 시작된다. 수중무용사 딸을 둔 해연의 아버지는 딸 때문에 마음이 불편하였다. 출장에

서 돌아오는 길에 부인에게 전화한다. "해연을 수중무용에서 빼내 얌전한 도서관 사서로 취직시키자."고 말한다. 하지만 해연 엄마 생각은 달랐다. 딸을 수중무용 선수로 키우고 싶었다. 남편의 의견에 반대한다. 해연 아버지는 "내가 세대주인데?"라고 하면서, 목에 힘을 주어 보지만 젊은 시절 군대에서 보낸 부인은 꼼짝도 하지 않았다. "해연이 엄마는 나에요."라며 전화를 끊는다.

훈련에서 돌아온 해연은 엄마를 찾아간다. 해연의 엄마는 이번에 새로 생긴 창광원 수영 관리과 반장이 된 것을 축하해 주었다. 엄마는 수중무용에 대해 잘못된 견해를 가지고 있는 아버지를 이번 기회에 고쳐주어야겠다고 생각했다. 그리고는 남편을 창광원으로 데리고 와서는 수영을 배우도록 하자고 해연과 계획을 짰다. 두 사람이 집으로 왔더니 해연 아버지가 먼저 들어와 집에 있었다. 완고한 남편은 해연이가 수중무용을 하는 것이 마음에 들지 않았

다. 두 사람은 다툼이 일어났다.

해연이 엄마는 남편에게 수영을 배워보라고 말한다. 하지만 해연이 아버지는 수영도 좋아하지 않았다. 수영이 도락에 불과하다고 말하면서 자신이 살아 있는 한 해연이 수중무용을 못 할 거라고 못을 박았다.

그리고는 부인에게 큰 소리 쳤다. "난 주인이야." 하지만 부인도 만만치 않다. 부인은 "그럼 난 도대체 뭐에요?"라며 뜻을 굽히지 않고 오히려 '수영증(수강증)'을 남편에게 주며 수영을 배워보라고 하였다.

컴퓨터를 활용한 첨단기술지도

수중무용 지도원실에서는 컴퓨터를 이용한 기술 방법을 토의하고 있었다. 컴퓨터로 수영 동작을 만들어 유럽 선수에 비해 팔다리가 짧은 약점을 극복하면서도 수중무용을 잘할 수 있는 방법에 대해 논의하였다. 이들은 우리식 수중무용을 창조하기 위해서는 역사를 잘 알아야 한다면서 박물관에 가서 역사 공부를 하기로 하였다.

한편 수질연구소에서는 철성이 일전에 명일이가 금강산 앞바다에서 찍어 온 테이프를 돌려보고 있었다. 명일은 수영을 싫어하는 실장이 보면 혼내지 않을까 걱정하였다.

두꺼운 뿔테 안경을 낀 철성은 지난번에 찍은 비디오를 보다가 화면에 집중하였다. 화면에 찍힌 해연을 보고 어디선가 본 것 같았다. 명일이는 철성이에게 "그녀에게 대시 해보라"고 하였지만, 철성이는 자신이 없었다. "누가 자기 같은 총각을 누가 좋아하겠냐"며 걱정하였다.

저녁에 집에 온 해연이는 아빠에게 오리발을 선물하면서, 수영을 배우라고 하였다. 그러나 수질연구소 실장인 아버지는 그린피스에 대한 논문을 작성해야 한다며 시간이 없다고 말한다. 이에 해연이 수중무용을 부모 앞에서 공연하자, 아버지도 관심을 보였다. 고개를 돌렸던 아버지도 해연의 무용 솜씨만큼은 좋아한다.

그러나 아버지는 여전히 "실장 체면에 벌거벗지 못한다."며 수영배우는 것에 소극적이었다. 체면을 말하는 남편에게 부인은 "데리고 있는 종업원 수도 내가 더 많아요."라고 퉁을 주었다. 남편이 다시 세대주를 운운하며 해연을 수중무용에서 빼내오겠다고 하였다. 남편의 말에 해연 어머니는 "환갑 전에는 안 될 것."이라고 못을 박았다.

수중발레를 막기 위한 아버지의 계획

다음날 연구소에 출근한 해연 아버지는 철성이를 찾아

192

서는 '연애를 해봤느냐'고 물었다. 철성이가 수영도 못한 다는 사실을 알고는 무릎을 쳤다. 그리고는 '적임자라면서 한 처녀를 물에서 건져내는 일에 동참해 달라'고 하였다. 해연 아버지는 철성과 해연을 맺어주어 해연을 수중무용에서 빼내오려고 하는 계획을 세웠다. 계획은 두 사람만 아는 극비로 진행하기로 하였다.

창광원으로 훈련 온 해연은 힘들어하는 은심을 도와주면서 함께 훈련을 하였다. 창광원 부지배인은 수중무용 선수들에게 창광원을 구경시켜 주면서, 대동강 아래 우물을 파고 그 지하수를 퍼 올려 창광원 수영장과 목욕탕을 만들었다고 설명해 주었다. 이날 밤 해연은 자체 훈련을 한다며 잠도 줄이고 연습에 들어갔다. 해연의 모습에 감동받은 다른 선수들도 자체 훈련에 들어갔다.

한편 작전에 따라 창광원에 처음 온 철성이는 수영장 여기저기를 호기심에 차서 둘러본다. 그러다 해연 엄마와

부딪혀서 '기본적인 수영장 예절도 모르는 문화적 수준이 낮은 사람'이라는 말을 듣는다. 하지만 철성은 개의치 않고 선수들을 찾아갔다. 그곳에서 해연을 만난 철성은 그제서야 그녀를 알아보았다.

2년 전 여름이었다. 철성은 실장의 심장병에 갈매기 심장이 좋다는 말을 듣고는 갈매기를 잡고 있었다. 마침 외할머니 댁에 와 있던 해연이가 이 장면을 목격하였다. 해연이는 불쌍한 갈매기를 낚시질하는 철성이 괘씸했다. 수영을 해서 철성이 배 가까이 다가간 해연이 불쑥 올라왔다. 철성은 놀라서 물에 빠져 죽을 뻔한 일이 있었다. 이일로 철성은 해연을 '물귀신'으로, 해연은 철성은 '갈매기 사냥꾼'으로 기억하고 있었다.

명일은 철성을 실장의 꼭두각시라며 비웃고 수중무용에 대해 말해주며 해연이의 첩자가 되어 물을 싫어하는 실장을 물속으로 데리고 가자고 한다. 명일과 철성이 수중무용단을 견학하고 여성들의 미소에 철성은 어쩔 줄 모르며 좋아하고 명일에게 동의한다.

한편 훈련 도중 은심은 더 이상 못하겠다고 하고 코치는 의지가 약해서는 아무것도 못한다고 훈계한다. 그러나 은심은 "우린 여성이란 말에요. 맨날 물속에서 사니 도대체 우리에게 무슨 생활이 있어요."라며 돌아서 나간다. 해

연은 그런 은심에게 자신이 처음 선수가 되었을 때 엄마
가 준 수영복을 은심에게 주며 다시 돌아올 때 이걸 입고
오라고 부탁한다. 이어 해연이 장군님이 수중무용에 대해
칭찬한 얘기를 들려주자 은심은 싸던 가방을 그만 두고는
다시 훈련에 참가한다.

창광원에서 생긴 일

수질연구소에서는 명일이 문화 사업하는 날이니 실장
님도 창광원으로 가자고 한다. 그러나 실장인 해연 아버지
는 먼저 가라고 말하고 가지 않는다. 부인이 전화해 연구
소 사람이 다 왔는데 왜 오지 않냐고 하자 해연 아버지는
"국제적 위치로 보나 뭐로 보나 나만은 옷을 벗고 물에
뛰어들 수 없다."고 한다. 그러자 부인은 "우는 소리 작작
하고 오리발 신고 당장 나오라."고 남편을 협박한다. 전화

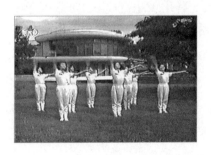

를 끊은 실장은 "망치소리가 약하니까 못이 솟는 거 아냐."며 부인의 협박을 무시한다.

집에 돌아온 실장은 책상 위에 놓인 부인의 사진을 본다. 처녀 시절 해군으로 근무했던 부인을 보며 실장은 부인이 항상 하는 말 "군인경력을 가진 아내와 사는 걸 긍지로 생각하세요. 집의 사령관은 나예요."를 떠올린다. 실장은 "해연을 자기가 아는 총각과 연결시켜 연애재미에 푹 빠지게 하겠다"고 장담하지만 부인은 남편을 '낮전등'이라며 낮전등은 힘이 없다고 말한다. 이에 남편은 심장병이 도진척하고 엄살을 피웠다. 부인은 남편이 엄살 부리는 것을 보고는 새로운 꾀를 냈다.

다음날 의사를 찾아간 실장은 '심한 운동부족으로 심장문제가 심각하며 잘못하면 심장이 폭발할 수 있으니, 수영을 배우라'는 충고를 받는다. 사실 이것은 부인의 계략이었다. 의사의 말에 악몽까지 꾼 실장은 수영교본을 사무실에 사다놓고 책을 보면서 혼자서 수영 연습을 한다.

한편 철성은 명일 덕분에 수영을 배우게 되었다며 좋아하고 해연의 어머니에게 전화해 자기가 꼭 실장을 창광원에 데리고 가겠다고 다짐한다. 철성이 창광원의 수질 문제를 거론하며 실장을 창광원으로 유인하는 데 성공한다.

처음 창광원에 온 실장은 이발서비스를 받고 수영장으

로 갔다. 수영장에서는 옷을 입는 게 규정위반이라며, 철성은 실장의 옷을 벗기고 수영복을 입히는 데 성공한다. 그러나 준비운동을 하다 자신의 부인과 딸을 본 실장은 슬슬 도망치기 시작했다. 실장은 무심코 엘리베이터에 올라탔다. 그 엘리베이터는 다이빙대로 올라가는 엘리베이터였다.

사실을 모른 채 다이빙대로 올라간 실장은 당황하고 어쩔 줄 몰라하였다. 아래에서는 사람들이 '나이도 든 사람이 대단하다'며 실장이 어떻게 뛰어내릴지 지켜보았다. 결국 물로 떨어진 실장은 간신히 구조되지만 다시 부인과 마주치지 않으려고 도망가다 여성 탈의실로 뛰어들었다가 봉변을 당하고는 쫓겨났다. 쫓기듯이 이번에는 한증탕에 들어가는데 그곳에서 비상단추를 잘못 눌러 구급차가 출동하는 등 소동을 일으킨다. 그런 사이 실장은 창광원의 여러 시설들에 감탄하다. 그날 경험으로 실장은 수영을 배우게 되고

다이빙에도 능숙하게 된다.

인민이 좋아하는 수중무용

수영선수회의에서 이번에 세계적인 선수로 활동해 온 까쁘롱이 온다는 소식이 전해진다. 드디어 까쁘롱이 도착해 해연 등의 수중무용 공연을 지켜보았다. 까쁘롱은 해연의 다리 길이를 재어보며 외국에도 드문 선수감이라고 칭찬하며 해연에게 관심을 보였다.

다음날 창광원을 둘러본 까쁘롱은 감탄하고 곧이어 까쁘롱이 찬조 출연하는 해연네 공연이 이어졌다. 명일이 공연을 보러가자고 하자 철성은 '해연이 자기가 가는 걸 좋아하지 않는 것 같다'며 해연이 했던 말을 들려주었다. 해연은 철성에게 "사랑은 꽃이고 창조는 뿌리. 뿌리 없는 나무에서 꽃도 열매도 없다."고 했다. 이에 명일은 수중무용에 대한 연구를 담은 시디를 주며 그것을 해연에게 주라고 시켰다. 철성은 '명일이 자신의 사랑의 구세주이자 오작교'라며 공연을 보러간다.

수중무용 선수들의 다양한 공연이 화려하게 화면 가득 펼쳐졌다. 까쁘롱은 이 공연이 "평양에서만 볼 수 있는 독특한 형상"이라며 칭찬하였다. 오각별 등이 형상화된 공연 이후 철성이 꽃다발을 던지며 해연을 축하해주었다. 이 날 홀로 호텔방에 든 까쁘롱은 '유럽에서 사회주의가 좌절된 후 평양도 살아있는 무덤'이라고 자신은 생각했는데, 평양은 '굶주림에 허덕이는 게 아니라 낙천적 모습'이라는 감상을 밝힌다.

다음 날 돌아가는 길에 까쁘롱은 공항에 배웅 나온 해연에게 '유럽으로 초대하겠다'는 의사를 밝히지만 해연은 "이 땅에서 우리 인민들이 좋아하는 수중무용을 하겠다."고 대답한다. 까쁘롱은 떠나는 비행기 안에서 해연의 말을 생각하며 다시 생각에 잠긴다.

가족농구선수단의 우승 도전기

: 예술영화 〈가족농구선수단〉

북한에서 농구란

1980년대 김정일 국방위원장이 '농구를 적극 육성하라'

농구를 장려하는 과학영화 〈롱구를 많이 하자〉

고 지시한 이후 농구가 활성화되었다. 김정일은 농구를 좋아하여 위성으로 NBA를 시청했으며, 김정은도 데니스 로드먼을 초청할 정도로 농구를 좋아한다. 1996년 '사회적으로 농구하는 분위기를 세울 데 대하여'라는 친필 지시를 내린 이후에는 농구에 대한 관심이 더욱 높아졌다.

북한 전역에서 농구 붐이 일면서, 각급 학교에서 키 크기 운동으로 농구를 장려하는 것은 물론, 일반 기업 및 회사에도 각종 농구 동호회가 조직되었다. 1997년부터 사회안전성 소속 압록강체육선수단 남자농구선수단을 프로화하면서 '태풍'이라는 팀으로, 여자농구선수단을 '폭풍'으로 창단하였다. 팀 명칭인 '폭풍'과 '태풍'은 김정일이 직접 지어준 것으로 알려졌다. 이어 '번개'와 '대동강' 등을 잇달아 창단했고, 국제친선경기대회를 갖기도 하였다. 체

농구가 신체발달과 지적 발달에 도움이 된다는
것을 강조한 과영화 〈롱구를 많이 하자〉

육단은 일종의 팀 개념이다. 북측에서 가장 큰 체육단인 '4·25체육단'을 비롯하여 '2·8체육단', '압록강체육단', '기관차체육단' 등의 20여 개 체육선수단이 있다.

한편 북한의 농구 용어로는 골밑 슈팅(윤밑던져넣기), 워킹 반칙(걸음어김), 자유투(벌넣기, 자유 던지기), 바스켓 카운트(덤던지기), 덩크슛(꽂아넣기), 드리블(곱침이), 더블파울(서로반칙), 점프볼(심판공), 체스트패스(가슴련락), 슛(투사), 외곽슛, 장거리슛(먼거리투사), 스타플레이어(기둥선수), 작전타임(순간휴식), 점프력(조약력), 리바운드(판공), 인터셉트(공빼앗기) 등이 있다.

가족으로 구성된 롱구선수단

〈가족농구선수단〉은 조선예술영화촬영소에서 1998년

에 제작한 예술영화로 김수봉의 영화문학에 김종필이 연출하였으며, 김광렬·리영숙·한용필 등이 출연하였다. 대중체육으로서 농구의 중요성을 강조하면서, 대중 체육정책을 받아들여야 한다는 것을 주제로 한다.

〈가족농구선수단〉은 농구로 온 가족이 하나가 되어 집안의 화합도 도모하면서 마침내 가족들로 팀을 꾸려 실업팀을 물리치고 농구대회에서 우승을 일구어낸다는 줄거리이다. 대중체육으로서 농구의 중요성과 대중체육의 중요성을 강조한 영화이다.

대중체육의 중요성을 강조하기 위하여 시아버지가 될 사람이 며느리로 받아들일 것인지 말 것인지를 승부차기로 결정하는 장면이나 가족농구팀이 실업팀을 이긴다는 설정이 다소 억지스럽다. 체육의 중요성을 강조하기 위한 설정이라고 할 수 있다.

산골마을에서 탄생한 농구 드림팀

산골학교인 광천고등중학교 체육 교원으로 있는 윤상구는 농구를 중요시하는 당의 정책에 따라서 모든 가족들에게 농구를 익히게 할 정도로 농구광이었다. 윤상구의 손자 선남은 농구 선수이며, 아들과 딸들도 아들 편과 딸 편으로 나누어 농구 시합을 할 정도로 농구에 열성적이었다.

하루는 윤상구의 막내아들 윤철용이 결혼상대자 김선옥을 데려왔다. 장차 며느리감을 본 윤상구는 대뜸 선옥에게 '무슨 체육을 좋아하느냐'고 채근하였다. 선옥이 '체육을 별로 좋아하지 않는다'고 하자 '체육을 좋아하지 않는 사람은 안 된다'면서 반대하였다. 체육을 좋아하느냐 않느냐로 며느릿감의 여부를 판단할 정도로 윤상구는 체육을 좋아하였다.

윤상구는 자식들을 아들팀과 딸팀으로 나누어 농구 시합을 벌이곤 하였는데, 매번 딸 편이 이겼다. 이날도 가족들끼리 벌인 농구 시합이 끝나자 윤상구가 나섰다. 막내의 결혼상대자가 체육을 좋아하지 않는다는 이유로 반대하였다면서 농구의 중요성에 대해 설명하였다.

윤상구는 자신이 농구를 강조하는 것은 장군님께서 체

육은 국방의 기본이며, 모두가 체육을 대중화하자는 방침에 따라는 것이라고 말하면서 운동을 잘못하는 셋째 사위에게 운동을 열심히 할 것을 요구하였다. 이 셋째 사위는 운동을 전혀 못하고 이론에는 밝았던 인물이었다. 결혼할 때가 되어서 윤상구에게 복싱 선수라고 하면서 속이고 복싱 이론과 이야기로 윤상구를 속이고 결혼하였었다. 이런 일로 인해 윤상구는 며느리도 체육인이어야 한다는 것을 강조하면서 직접 시험했던 것이었다.

장차 시아버지될 윤상구가 체육의 중요성을 이야기 하자. 선옥은 윤상구에게 농구만이 체육이 아니라면서 자신도 예전에 축구를 잘하였던 체육인이었다고 하였다. 이에 윤상구는 며느릿감이 되는지 안 되는지 자격 시합을 갖자고 제의하였다. 윤상구가 제의한 내용은 3번의 '11메타 벌칙차기(페널티킥)' 기회를 주고서 이 가운데 선옥이 한 골

이라도 넣어야 한다는 것이었다.

결혼하기 위해서 시아버지 될 사람과 페널티킥 시합을 벌인다는 설정은 황당하기 그지없다. 그래서 성공하면 결혼 승락을 받고 실패하면 결혼도 못하게 되는 설정은 체육의 중요성을 지나치게 강조하면서 발생한 무리한 설정으로 보인다.

이리하여 벌어진 벌칙차기 시합 아닌 시합이 열렸다. 선옥이 첫 번째 킥을 실패하자, 시아버지 될 윤상구가 와서 격려를 해주었다. 웃어야 할지, 말아야 할지 판단이 서지 않는 장면이다. 마침내 선옥은 두 번째 골을 성공시켜 결혼 승낙을 받아내고 화기애애한 분위기 속에서 결혼식을 올렸다. 결혼한 다음 선옥은 남편 철용으로부터 윤상구의 체육이론과 실천에 대한 이야기를 들었다.

윤상구가 아침마다 가족들을 깨워 달리기를 시작한 이래로 온 동네가 아침 달리기를 하게 되었다는 이야기였다. 선옥이 결혼한 다음에 열린 가족농구대회에서 선옥도 선수로 뛰었다. 하지만 손으로 하는 것에는 재주가 없었던 선옥은 망신만 당했다.

선옥의 큰아버지는 도체육위원회 행정관리원이었는데, 조카사위 윤철용이 도체육위원회로 가기를 희망하자 철용의 소원을 들어주기로 작정하였다. 그러나 윤상구는 도

체육위원회로 가는 것을 반대하였다.

한편 가족들끼리 편을 나누어 벌인 농구 시합에서 제몫을 하지 못하고 창피만 당한 선옥은 윤상구의 손자이며 고등중학교 농구 선수인 선남에게 농구를 가르쳐 달라고 부탁하였다. 선남도 '삼촌어머니(작은 어머니)'를 위해 매일 밤늦게까지 농구를 지도해주기 시작하였다.

농구 전도사 체육교사 윤상구

선옥의 남편 윤철용은 도체육위원회로 옮겨가기 위해 도체육위원회 지도원으로 있는 선옥의 큰아버지를 찾아가 부탁하였다. 선옥의 큰 아버지도 조카사위를 도와주겠다면서 윤철용을 도체육위원회로 끌어 올리려 하였다. 선옥의 큰아버지가 윤철용을 도체육위원회로 전출시키기

위해 학교에 왔다가 교장선생님으로부터 윤상구가 학교에 머물게 된 사연을 듣게 되었다.

윤상구가 있는 학교에서는 '졸업생 가운데 한 사람이 국제체육대회에서 명성을 떨치면서 체육에 대한 붐이 일었는데, 체육 선생이 없어 안타까워하였던 적이 있었다. 이러던 차에 체육 선생님이 오시게 되어 많은 기대를 하였었는데, 부임한 체육선생은 전문 체육 선수를 희망하면서 신분증을 두고 사라졌던 일이 있었다.

윤상구는 이 체육 선생의 빈자리를 대신하여 학교에 왔었던 것이었다. 윤상구도 처음에는 전문 체육 선수를 꿈꾸었었지만 앞선 체육 선생이 두고 간 신분증을 보면서 대중체육 발전을 위하여 정착하기로 결심하고는 성심성의껏 학생들을 지도하여 오늘날 농구 명문으로 이름을 날리게 되었다는 것이다. 이 이야기를 듣던 선옥의 큰 아버지

는 당황해 하였다. 선옥은 그 체육교사가 큰 아버지였음을
알게 되었다.

선옥은 시어머니로부터 가족농구선수단이 만들어지게
된 사연도 듣게 되었다. 처음 윤상구가 농구를 배워야 한
다고 강조하였을 때는 아무도 관심을 갖지 않았었는데, 홀
로 애쓰는 아버지에게 감동되어 농구를 배우기 시작하였
다는 것이다.

가족팀 대회에 출전하다

얼마 후 도에서 벌어지는 체육대회에 가족농구선수단
을 초청하였다. 가족들은 대회 참여를 결정하고는 셋째 사
위를 지도원으로, 선옥을 주장으로 정하고 맹연습에 돌입
하였다. 시합에 나간 가족농구선수단은 기적적으로 결승
까지 오르게 되었다. 결승에서 가족농구선수단과 맞붙을
기계공장팀은 장신 선수가 포함된 강한 팀이었다.

가족농구선팀이 강팀을 맞아 시합을 벌여야 할 순간 정
작 핵심인 윤상구와 선남이 가족팀에 뛰지 못하게 되었다.
윤상구는 팀을 이끌고 체육대회에 참여하게 되었다. 선남
은 선수로 뛰느라 참석할 수 없었다. 가족농구팀이 결승에
올라 결승전을 벌여야 하는 순간 윤상구네 학교가 우승을

하였다. 경기가 끝나고 윤상구와 선남은 가족농구선수단 경기장으로 향했다. 가족농구선수단은 결승전에서 분전하지만 기계공장팀에서 장신 센터 선수가 들어오면서 밀리고 있었다.

선옥이 시합 도중 부상으로 물러나 있었다. 막내아들인 철용이 나타나 자신의 잘못을 빌고 경기에 참석하면서 조금씩 점수 차이를 줄여 나가고 있었다. 종료시간을 얼마 남기지 않고 선옥은 자청하여 경기에 다시 들어갔다. 그리고 선옥의 극적인 버저비터로 62:63으로 승리하였다.

결승전에서 마지막 순간 윤상구는 선옥에게 슛을 던지라면서 '투사'라고 외친다. 볼을 쏘라는 것이다. '슛!'이나 '던져' 등이 나올 것 같았던 장면에서 '투사'라고 외치는 것은 상당히 낯설어 보인다. 북한 농구에는 8점 짜리가 있는데, 종료 2초 전에 던져 성공한 경우에는 8점을 준다.

농구의 흥미를 높이기 위해 도입한 요소이다.

　격전 끝에 농구가 끝나고 시상식이 열렸다. 시상이 열리기에 앞서 명예 칭호 수여식이 열리는데, 윤상구는 대중 체육 발전의 공을 인정받아 '공훈체육인' 칭호를 받았다. '공훈 칭호'는 체육 분야에서 공을 세운 이들에게 수여되는 명예이다.

김정은 시대 로라스케이트 열풍

: 아동영화 〈로라스케이트 명수〉

로라스케이트 대표선수 호일

〈로라스케이트 명수〉는 '교통질서를 잘 지키자요' 시리
즈의 11부 작으로 조선4·26아동영화촬영소에서 2010년에

제작한 만화영화이다.

'교통질서를 잘 지키자요'는 시리즈물로 계속 제작되고 있는 만화영화이다. 각 편의 주제는 교통질서를 주제로 독립적으로 구성되어 있다. 〈로라스케이트 명수〉의 주인공은 로라스케이트를 잘 타는 호일이다. 호일이는 평소에도 로라스케이트를 잘 타서 친구들의 부러움을 사는 로라스케이트 명수이다. 현대물이면서도 동물 캐릭터가 등장하지 않고, 사람이 등장한다는 것이 특징이다. 남녀노소가 로라스케이트장에서 즐기는 장면이나 곱등어공연장도 나온다. 만화영화를 통해 최근 달라진 평양의 풍경을 보여준다.

일요일 아침에 걸려온 전화

주인공은 호일이라는 친구이다. 호일이는 동네에서도

알아주는 로라스케이트 선수이다. 제목 '로라스케이트'는 인라인스케이트이다. 로라스케이트(롤러스케이트)는 1980년대 인기 있었던 앞뒤 2바퀴씩 4바퀴가 달린 것이라면, 인라인스케이트는 4개의 바퀴가 일렬로 나란히 붙어 있다.

일요일 아침 일찍 한 통의 전화가 걸려오면서 시작한다. 누나의 전화였다. 호일이 누나는 곱등어(돌고래) 조련사였는데, 오늘 오전 10시에 첫 공연을 하게 되었으니, '할머니와 함께 꼭 보러 오라'고 하였다. 드디어 누나가 공연을 하게 되었다고 생각하니 기쁘기도 하고 신도 났다.

할머니에게 기쁜 소식을 전하고는 로라스케이트를 챙겼다. '어서 나가서 로라스케이트를 타고 와서 할머니랑 가야지' 하고 생각했다. 하지만 할머니는 호일을 만류했다. "로라스케이트에 빠지면 정신이 없는 네가 언제 돌아오겠다고 그러느냐, 오늘은 먼저 오전에는 공연장에 갔다가 와서 오후에 실컷 타려무나." 하면서 말렸다.

호일이가 할머니를 속인 까닭

호일이는 아쉬웠지만 할머니 말씀을 듣기로 하였다. 할머니는 호일이에게 첫 공연을 하는 누나를 위해 축하 꽃다발을 만들자고 하였다. 호일이는 할머니 말씀대로 아파트 베란다 화분에서 꽃을 꺾어 예쁜 꽃다발을 만들었다. 할머니는 누나가 좋아하는 녹두지짐을 준비했다.

베란다의 꽃으로 꽃다발을 만든 호일이가 창밖을 보았다. 광장에는 친구들이 모여서 신나게 로라스케이트를 타고 있었다. 아쉬운 마음을 달래고 있을 때였다. 호일이를 찾는 친구의 다급한 목소리가 들렸다. 영일이였다. "호일아~ 네가 없으니까. 우리 팀이 지고 있어, 어서와."

호일이는 마음이 급했다. '자기가 없어서 우리 팀이 진

다'고 생각하니 마음이 급해졌다. 호일이는 잠깐 나가서 얼른 시합만 하고 돌아오면 되겠다고 생각했다. 할머니 몰래 로라스케이트를 챙겼다. 혹시 할머니가 찾을까 싶었다. 호일은 신발장에 신발을 그대로 두고는 로라스케이트를 신고 나왔다. 로라스케이트를 신고 나온 호일을 본 영일이가 말했다. "선생님이 거리에서는 로라스케이트를 타지 말라고 했는데" 하면서 말렸다. 하지만 호일이는 벌써 광장으로 쏜살같이 달려가고 있었다.

호일이를 본 친구들은 환호했다. 시합이 다시 열렸다. 시합은 박빙이었다. 호일이의 실력은 뛰어났다. 시합에서 이겼다. 문제는 다음이었다. 시간이 없었다. 급히 집으로 달려왔더니 할머니가 보이지 않았다.

할머니를 찾아 나선 호일

한편 할머니는 녹두지짐을 준비해서 곱등어관(돌고래
관)으로 가려고 호일이를 찾았더니 호일이가 없었다. 시간
에 늦은 할머니는 꽃다발과 녹두지짐을 챙기고는 호일이
를 찾아 로라스케이트장으로 왔다. 할머니가 오는 사이에
호일이와 길이 어긋났다. 로라스케이트장에서 호일을 찾
지 못한 할머니는 바로 곱등어관으로 갔다.

할머니가 집에 안 계시다는 것을 안 호일이는 로라스케
이트를 신고는 그대로 곱등어관으로 향했다. 호일은 자신
의 스케이트 실력을 믿었다. 친구 영일이가 신발을 신고
버스를 타고 가자고 하였지만 자기 정도의 실력이면 어디
를 가든 상관없을 것 같았다. 사람들이 다니는 길로 달려
도 피할 수 있을 것이라고 생각하고는 로라스케이트를 신
고 그대로 사람들이 다니는 길로 달렸다.

    몇 번이나 사람들과 부딪힐 뻔하였다. 어린이들이 타고 있는 유모차는 겨우 피하였지만 사과를 들고 가던 사람과 부딪혀 사과를 떨어뜨리기도 하였다. 결국 마주오던 자전거를 피하려다 차도로 들어갔다. 갑자기 뛰어든 호일 때문에 달리던 자동차들이 급히 멈춰 섰다. 큰 혼란이 일어나면서 교통사고를 낼 뻔하였다. 다행히 다치지는 않았지만 아찔한 순간이었다. 호일은 앞으로 다시는 그렇지 않겠다고 반성하였다.

제6부 체육과 민족무예 태권도

민족무예 태권도

북한에서 태권도는 1972년부터 '국방체육' 강화의 수단
으로 학교나 각급 기관과 사업소에서 집중적으로 육성하

대집단체조와 예술공연 아리랑의 태권도 장면

고 있는 종목이다. 청소년들에게는 태권도를 '전문화 체육
종목'으로 지정하면서, 각 시도 태권도학교와 과외국방체
육학교의 태권도 소조를 조직하였다. 태권도 보급을 위해
1980년대부터 체계화를 시작하여 1987년 태권도체육단을
창설하였으며, 1989년에는 조선태권도연맹으로 확대하였
고, 1992년부터 조선태권도위원회로 개편하여 태권도의
보급과 세계화를 추진하고 있다.

북한 태권도의 등급은 19등급으로 10개의 급과 9개의
단으로 나누어져 있다. 가장 낮은 급인 10급에서부터 시
작하여 1급까지 올라가며 단수는 1단으로부터 최고 단수
9단까지 올라간다. 태권도경기장의 규격은 9×9m로 정사
각형이다. 경기 구역에서 국제태권도련맹이 인정하는 도
복만 입을 수 있으며, 맞서기 경기(대련)를 할 때는 맞서기
용장갑과 신발을 착용해야 한다.

북한 태권도의 기본 동작

태권도는 북한이 국제화하려는 종목 중의 하나이다. 태
권도의 경우 남측에서 주관하는 세계태권도연맹(WTF), 북
한에서 주관하는 국제태권도연맹(ITF)이 있다. 북한은 최
홍희에 의해 1966년 설립된 국제태권도연맹(ITF)에 가입
하여 주도적으로 단체를 이끌고 있다. 국제태권도연맹은
112국의 회원국에 150만 명 정도의 회원을 보유하고 있으
며, 본부는 오스트리아의 빈에 있다. 2002년 6월 국제태권
도연맹 총재였던 최홍희가 사망하면서, 북한의 IOC위원
인 장웅이 총재를 맡고 있다.

북한 태권도 시범단의 서울 시범 공연

국제태권도연맹(WTF)의 규칙과 경기 방식

국제태권도연맹 규칙

한국이 중심인 세계태권도연맹과 북한이 중심인 국제

태권도 보급을 위해 만든 소년태권도 영상물

태권도연맹의 태권도 규칙과 기술은 상당한 차이가 있다. 세계태권도연맹은 8체급으로 3분 3회전 방식으로 스포츠적인 성격이 강하다. 반면 국제태권도연맹의 규칙은 머리, 가슴보호대 없이 경기용 장갑과 신발을 착용한 후 겨루기를 하는데, 자유 겨루기에는 '1대 3 경기'도 하며 주먹으로 얼굴 타격이 허용되는 등 상당히 격렬하고, 실제 무도적인 성격이 강하다.

품새의 경우 세계태권도연맹은 태극 1장에서 8장(유급자), 고려·금강 등의 11품세(유단자) 173동작으로 되어 있고, 국제태권도연맹은 천지·단군·도산·원효·율곡·중근·퇴계·화랑 등 24틀 180동작으로 되어 있다. 등급도 세계태권도연맹은 하양·노랑·파랑·빨강·검정의 5단계로 되어 있는 데 비하여 국제태권도연맹은 하양·노랑·파랑·초록·파랑·빨강·검정의 6단계로 되어 있다.

도복의 띠는 너비 5cm로서 여러 가지 색깔로 갈라져 있다. 흰색은 태권도에 대한 지식이 전혀 없다는 뜻이며 노란색은 대지에 초목이 뿌리를 내린다는 뜻으로 태권도의 기초를 닦는 단계를 의미하며 초록색은 초목이 자라는 것과 같이 태권도의 기술이 발전되어 가고 있다는 것을 의미한다. 푸른색은 나무가 하늘을 향해 크게 자라듯이 태권도 기술이 상당한 단계에 이르렀다는 것을 의미하며 빨간색은 선수가 상당한 위력을 가지고 있으므로 상대방에게 경고함을 의미한다. 검은색은 태권도에 숙달되어 어두운 곳에서도 충분히 기술을 발휘할 수 있음을 의미한다.4)

국제사회에서는 세계태권도연맹이 주류로 인정받고 있

로인태권도 영상물

---

4) 「태권도복」, 『로동신문』, 2016.03.13.

다. 세계태권도연맹은 1973년 5월 한국에서 창설된 국제
경기 단체로 각국의 국가올림픽위원회의 공인을 받은 단
체만이 가입이 가능하다. 182개 회원국에 5천여만 명 이
상의 회원을 확보하고 있다. 1994년 9월 제103차 IOC총회
에서 태권도를 시드니올림픽 정식 종목으로 채택하면서
세계태권도연맹(WTF)의 경기 방식을 채택하였다.

국제태권도연맹 경기 방식

세계태권도연맹(WTF)의 경기의 경기장의 규격은 9×9m
로 정사각형이다. 경기 구역에서 국제태권도련맹이 인정
하는 도복만 입을 수 있다. 태권도 도복은 흰 저고리와 바
지 그리고 띠로 구성되어 있다. 10급부터 3단까지 도복에
는 '국제태권도련맹'의 약칭인 'ITF'가 새겨져 있다. 4단

태권도 전당

이상은 바지 좌우에 2cm 정도의 검은 띠가 있다. 경기는 '틀경기(품새)', '맞서기경기', '특기경기', '위력경기', '호신경기'로 구성되며, 남·녀 개인전과 남·녀 단체전이 있다.

북한에서 태권도는 군부대를 중심으로 전문 선수를 양성하고 있는데, 평양시와 황해북도, 평안북도 등에 태권도선수단이 있다. 2002년 9월과 2007년 4월에 남한을 방문하여 춘천과 서울에서 시범 경기를 가졌다. 이후 한 동안 교류가 없었다. 그러다 문재인 정부 출범 직후인 2017년 6월 장웅 국제올림픽위원회(IOC) 위원을 대표로 하는 북한 태권도 시범단이 전라북도 무주군의 태권도원에서 열린 '2017 세계태권도선수권대회' 참석차 방문하였다. 2017년 10년 만에 방문한 북한 태권도시범단은 8박 9일 동안 무주 세계태권도선수권대회 개폐회식을 포함해 전주와 서울에서 4차례의 시범공연을 하였다.

청춘거리의 태권도 전당은 태권도의 보급과 대내외 경기를 치르기 위해 만들어진 시설이다. 태권도 전당은 1992년 10월 10일 제8차 태권도세계선수권대회를 앞두고 문을 열었다. 6만여 ㎡의 부지에 연건평 1만 8천㎡의 시설이다.

전당 안에는 대형 경기장과 9개의 훈련장 및 휴식실, 수영장, 사우나, 샤워실 등이 있다. 경기장 1층과 2층에는 2천여 명을 수용할 수 있는 관람석이 갖추어져 있으며, 3층에는 언론 보도를 위한 프레스센터를 비롯하여, 120여개의 크고 작은 방들과 수영장, 연회장, 목욕 시설을 비롯한 각종 편의 시설이 구비되어 있다.

태권도의 보급을 위해서 전문선수단을 운영하기도 한다. 평양시와 황해북도, 평안북도 등에 태권도선수단이 있다. 전문선수단과 함께 태권도 소조활동도 활발하다.

조선민족제일주의와 민족무예 택견

: 예술영화 〈평양 날파람〉

택견인을 주인공으로 한 액션 활극

〈평양 날파람〉은 조선예술영화촬영소에서 2006년에 제
작한 예술영화이다. 김종석과 조세혁의 각색에 표광, 맹철

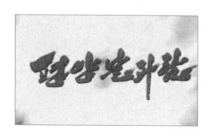

민이 연출하였다. 택견을 소재로 한 예술영화로 영화의 특성상 액션 장면이 많이 들어간 북한 영화로서는 보기 드문 액션 영화이다.

영화 제목인 '평양 날파람'에서 날파람은 '평양 인근에 택견을 연마하던 사람들을 일컫는 말'이다. '날파람 소리가 날 정도로 무예솜씨가 뛰어나다는 것을 비유한 표현이다. 〈평양 날파람〉은 일제강점기를 배경으로 민족전통 무예인 조선 택견의 자존심을 지키기 위하여 목숨을 바친 택견꾼의 이야기이다. 태권도에 대한 민족적 자부심을 높이기 위해 제작하였다.

민족무예의 비서(祕書) 『무예도보통지』

〈평양 날파람〉이 방영된 시기는 2006년으로 당시 〈한녀학생의 일기〉와 함께 엄청난 인기를 모은 홍행 작품이

다. 시원한 액션이 돋보이는 영화로 대부분의 액션 장면은 실제 연기자들이 직접 맨몸으로 선보였다. 조선태권도위원회에서 후원하였다.

〈평양 날파람〉의 주인공은 일제의 민족문화 말살에 맞서 태권 소년 정택과 태권 소녀 소견이다. 정택은 한말 조선 택견을 이끌던 무영두령의 아들이고, 소견은 무영두령과 함께 택견을 이끌던 소백 두령의 딸이다. 두 사람은 어려서 정혼한 사이였는데, 두 사람의 이름을 합치면 택견이된다.

새벽 종소리가 울리는 가운데 북한의 심장이라 불리는 김일성광장 옆에 위치한 인민대학습당의 문이 열리고 안내원과 고순태 선생이 들어온다. 고순태 선생은 우리 민족의 전통 무예를 연구하다가 자료가 부족하여 평양을 찾았다. 인민대학습당 연구사와 고순태 선생은 택견에 대한 이야기를 나눈다.

예전부터 민족무예인 택견을 하는 사람들을 재비, 제비 등의 여러 이름으로 불렸는데, 대성산 일대에서는 평양 날 파람이라고 불렸다. 『무예도보통지』가 펼쳐지고, 이야기는 구한말로 올라간다. 참고로 『무예도보통지』는 1952년 김일성 주석의 민족문화유산 보존관리정책에 의거하여 국고에 보존되어 있는 전통무예도감이다.

『무예도보통지』에 대해서는 일제도 잘 알고 있었다. 호시탐탐 『무예도보통지』를 노리고 있었다. 구한 말 일제의 조선 강탈이 본격적으로 시작되었다. 일본 황제는 칙령을 내려 '무예도보통지'를 찾아오도록 하였다.

일제의 『무예도보통지』 강탈에 맞서 조선의 택견을 이 끄는 인물은 무영 두령과 소백 두령이었다. 두 사람에게는 각각 아들과 딸이 있었다. 두 두령은 목숨을 바쳐 함께 『무예도보통지』를 지키고 택견의 정신을 지키기로 약속하였

다. 그리고 무영 두령의 아들 정택과 소백 두령의 딸 소견을 결혼시키기로 약속하였다.

계략에 빠진 정택 도령과 소견 낭자

택견을 지키자고 굳게 약속하였지만 세월은 순탄치 않았다. 일제의 조선 침략이 노골화되면서 혼란이 일어났고, 두 집안은 어쩔 수 없이 헤어지게 되었다. 두 두령은 서로의 아들과 딸을 바꾸어 키우다가 약속한 날짜에 혼례를 올리기로 약속하였다. 그리고 서로의 자식을 맡아서 키우기 시작했다.

15년의 시간이 흘렀다. 정택 도령과 소견 낭자의 혼사를 치르기로 한 날이 되었다. 시장에 나갔던 소견 낭자는 시장거리에서 무리배로부터 희롱을 당하고 있을 때였다.

마침 이곳을 지나던 정택 도령이 소견 낭자를 알아보지 못하고 끼어들었다. 보다 못해 깡패들을 만류하고 나선 것이었다. 깡패들은 정택 도령을 폭행하기 시작했다. 정택 도령은 대항하지 않고 맞기만 하였다. 옆에서 지켜보던 후배가 나서서 깡패들을 물리쳤다. 정택은 오히려 '무리배들에게 쓰려고 택견을 배운 것이 아니다'면서 꾸짖었다.

혼인을 약속했던 정택 도령과 소견 낭자는 그렇게 시장에서 15년 만에 만났지만 서로를 알아보지 못하였다. 정택은 정혼녀인 소견 낭자를 찾아갔다. 그런데 소견 낭자를 돌보아 준 자신의 아버지가 독약을 마시고 죽어 있었다. 소견 낭자가 남겨 둔 독약병을 본 정택은 소견 낭자가 아버지를 죽였다고 생각했다. 계략이었다. 사실 정택 도령이 소견 낭자로 알았던 여인은 진짜 소견 낭자가 아니었다. 일본인 미에코라는 여인이었는데, 조선에서 택견을 아주 없애고자 소견 낭자로 위장하고, 정택 도령의 아버지를 살해하였던 것이었다.

한편, 소견 낭자는 정택 도령이 자신의 아버지를 죽였다고 생각했다. 소견 낭자의 아버지 역시 자객의 칼에 맞아 죽었는데, 아버지를 죽인 것이 바로 정택의 아버지가 보낸 평양 날파람꾼이라고 생각했다. 이렇게 해서 두 사람은 철천지원수가 되었다.

조선과 일제의 무예대결

일제의 조선 침략이 본격화되면서, 조선으로 들어온 일본 무인들은 일본에서는 유도 선수들을 선발해서 택견을 제압하려고 하였다. 이들은 일전에도 한 번 정택과 대결한 적이 있었는데, 크게 패하였다.

일본 무술인들은 자신이 패한 원인이 바로 택견의 비밀을 적어둔 '택견비서' 때문이라고 생각했다. 숨겨진 '택견비서'를 찾기 위해 혈안이 되었다. 조선의 택견인들은 일본 무술인들이 택견비서를 찾기 위해 돌아다니는 것을 보고는 걱정이 되었다. 한편으로는 이상하기도 하였다. 정택 도령을 비롯한 평양 날파람들은 '갑자기 이렇게 한 번에 택견의 맥이 끊어진 것이 이상하다'고 생각했다.

일본 무예인들이 택견의 명맥이 끊으려고 한다는 것을 알고는 다시 소견 낭자를 찾아 나섰다. 이곳 저곳을 찾아

택견의 명맥을 이어가고자 하던 정택 도령과 소견 낭자의 극적인 만남이 이루어진다.

정택 도령이 택견비서가 숨겨진 동굴을 찾아갔다가 거기서 남장을 한 소견 낭자를 만난다. 택견 도령과 소견 낭자는 서로를 알아보지 못하였다. 택견비서가 숨겨진 장소를 알고 있는 사람이 정택 도령과 소견 낭자 두 사람밖에 없다는 것을 알고 있는 두 사람은 서로의 정체를 궁금해 하였다. 두 사람은 상대와 싸우기 위해 택견 동작을 하면서 서로를 알아보았다.

그제서야 정택 도령은 정혼자로 알고 가락지까지 끼워준 소견 낭자가 진짜 소견 낭자가 아니었다는 사실을 알게 되었다. 소견 낭자도 아버지가 '택견비서'를 빼앗으려고 일본 자객이 닥치자 비밀을 지키려고 자결하였다는 것을 알게 된다. 사람은 서로에 대한 오해를 풀고 힘을 합쳐 택견을 지키기로 하였다.

택견인의 희생으로 지켜낸 택견비서(祕書)

택견비서를 지키는 일은 생각보다 어려웠다. 정택 도령과 소견 낭자가 숨겨두었던 '택견비서'를 가지고 동굴을 나서는데, 일본 자객들이 나타났다. 이들 중에는 가짜 소견 낭자도 있었다. 가짜 소견 낭자 역할을 한 여인은 일본 유도두목의 딸 미에코였다.

정택 도령과 소견 낭자를 비롯한 택견인들은 택견비서를 빼앗으려는 일본 자객들에 맞선다. 한바탕 전투가 벌어지는데, 정택 도령은 검무와 소견 낭자에게 '택견비서'를 주면서 먼저 피하도록 하였다. 그렇게 검무와 소견 낭자는 '택견비서'를 갖고 무사히 몸을 피하였다. 하지만 정택 도령은 일본 자객들에게 잡혔다.

일본 자객들은 정택 도령을 일본으로 데려가 일본의 모든 유도인들이 보는 앞에서 정택 도령의 목을 치려고 계획하였다. 정택 도령을 일본으로 끌고 가던 중 봉산에서 하루를 묵게 되었다. 그날 밤 일본인들은 큰 잔치를 벌리고는 광대들을 불렀다. 잔치에서는 광대들이 나와서 봉산탈춤을 추기 시작했다. 봉산탈춤을 추는 사람들은 사실 소

견 낭자와 택견인들 이었다. 흥이 겨워질 때 소견 낭자와 택견인들이 변장을 벗고, 정택 도령을 구해주려고 하였다. 이때 일본 유도두목의 딸 미에코가 나타났다. 미에코는 일본 패거리를 죽이고 정택 도령을 풀어준다. 미에코는 짧은 시간이었지만 정택 도령과 택견인들의 진정한 모습을 보면서, '자기는 지금까지 야수의 패거리 속에서 살았다'다고 말한다.

그렇게 해서 정택 도령은 무사히 도망칠 수 있었다. 하지만 또 다른 일이 생겼다. 소견 낭자와 함께 『무예도보통지』를 가지고 갔던 택견 낭자의 부하 검무가 배반을 하였다. 검무는 소견 낭자에게 '자기가 택견비서를 지키겠다'고 말하고는 일본 무술인에게 택견비서를 넘기고는 일제의 앞잡이가 되었다.

정택 도령이 도망쳤다는 것을 알게 된 일본 무술인들은 무술대회를 열어 정택 도령을 잡으려는 계획을 세웠다. 정

택 두령은 자신을 잡기 위해 열린 무술대회라는 것을 알고도 참가하였다. 일본 무술인들은 일본에서 선발한 고수를 뽑아서 조선인을 괴롭혔다. 보다 못한 정택 도령은 택견의 자존심을 지켜야 한다면서 시합에 나섰다. 정택 도령은 월등한 실력으로 일본 무술인들을 제압하였다. 승리의 결과는 예견되어 있었다. 택견의 맥을 끊으려고 작정한 시합이었다. 시합이 끝난 다음 일본 무술인과 일제 경찰은 정택 도령을 쫓아 총을 쏘았다. 정택 도령과 소견 낭자는 총에 쓰러지면서도 '택견'을 외쳤다.

영화는 화면이 바뀌면서 현재로 돌아온다. 그리고 안골 체육촌에 있는 태권도 전당에서 시합이 벌어지는 장면과 북한 태권도시범단의 시범 공연 장면이 오버랩되면서 끝난다.

여자 태권도 선수의 며느리 되기 프로젝트

: 예술영화 〈청춘이여〉

여성 체육인에 대한 시선

〈청춘이여〉는 조선예술영화촬영소에서 1995년에 제작한 90분 길이의 예술영화로 전종팔이 연출하고, 김영숙(어머니), 황성옥(은경), 장유성(아버지) 등이 출연하였다.

〈청춘이여〉는 다섯 딸이 모두 운동선수이면서도 우리 집안에 운동선수 며느리는 절대 받아들일 수 없다고 고집을 부리던 어머니가 우여곡절 끝에 태권도 선수인 며느리를 인정하고 받아들인다는 줄거리이다.

국위 선양의 상징과 같았던 스포츠 분야지만 결혼대상

자로서는 큰 인기가 없었던 모양이었다. 특히나 딸을 다섯 명이나 두었고, 다섯 명의 딸이 모두 체육 선수인 집안에서 어머니는 며느리만은 거센 체육인이 아니었으면 하는 소망은 바람을 넘어 며느리의 필요조건이었던 모양이다. 〈청춘이여〉의 이야기는 이런 집안의 한바탕 에피소드를 담고 있다.

운동선수 며느리를 맞기까지

역사연구소 연구사인 기호네 가족은 신문사 체육기자인 아버지와 유원지 책임지도원인 아버지와 기호, 그리고 다섯 명의 여동생들이 있다. 기호는 큰아들은 고구려 무예사 연구로 준박사학위를 준비하고 있는 노총각 연구사이며, 다섯 명의 여동생들은 모두 운동선수로, 큰딸 일옥은 축구, 이옥은 역도, 세옥은 농구, 네옥은 예술체조, 막내

오옥은 수영 선수이다.

다섯 딸이 모두 체육 선수로 등장하면서 운동하는 장면이 자주 나오는데, 〈청춘이여〉의 주무대가 된 곳은 청춘거리 체육 종합 단지이다. 딸 다섯이 모두 청춘거리에서 운동을 하고 있으며, 은경이 출전한 국제태권도대회가 열리는 곳도 청춘거리에 있는 태권도 전당이다.

〈청춘이여〉에는 우리의 태릉선수촌이나 잠실올림픽선수촌에 해당하는 안골체육촌의 여러 경기장과 청춘 남녀들이 데이트 코스인 대동강변 유원지의 아름다운 풍경도 볼거리이다.

외아들에 운동선수 딸을 다섯 둔 엄마는 30이 다 되도록 장가갈 생각이 없는 기호를 보고 혼사를 늦출 수 없다면서 다섯 명의 딸에게 오빠의 혼처감을 소개해보라고 한다. 여동생들은 한결같이 체육관에 다니는 여자들만 소개

하자 다섯 명의 딸이 모두 운동선수인데도 어머니는 절대로 운동선수 며느리를 맞지 않겠다고 선언하면서 막내가 꺼낸 태권도 선수 은경의 사진은 아예 보려하지도 않았다.

아버지와 딸들은 엄마를 설득하기 위하여 위해 딸들이 운동하는 청춘거리에 나와 체육 선수들의 활약하는 모습을 보여주지만 엄마는 마음을 돌리려 하지 않았다.

그러던 중 기호는 우연히 자신이 논문을 위하여 인민대학습당에 태권도에 관한 책을 빌리러 갔다가 책을 먼저 빌려보는 은경을 만났다. 은경은 수예연구소에 생활태권도를 가르치러 가는 길이었는데, 수예연구소로 가는 것을 본 기호는 수예연구사로 오해하였다. 기호의 엄마도 은경을 수예연구사로 알고 며느리 감으로 흡족해 하였다.

사실을 알게 된 은경은 자신이 태권도 선수임을 밝히고 기호에게 헤어지자고 하였다. 기호는 '은경이 태권도 선

수'라는 것을 알면서도 수령에 대한 열정과 조국애에 감명 받고 만나줄 것을 부탁하였다. 이에 은경은 곧 있을 세계태권도대회에서 공화국의 이름을 날리게 되면 그때 만나자고 대답하였다. 기호는 기호대로 태권도의 우수성을 알릴 수 있는 고구려의 기상이 넘치는 논문을 쓸 것을 결심하였다.

〈청춘이여〉에서는 국제사회에서 스포츠의 중요성을 강조하면서 이를 민족적 전통과 연계하여 태권도의 우수성을 알리면서도 남녀의 사랑이야기를 잘 버무렸다. 1990년대 중반에 제작된 영화이면서도, 시종일관 밝고 경쾌한 분위기 속에서 진행된다.

1990년대 북한 스포츠계는 국가 이미지 선양에 크게 기여했던 시기이다. 1992년의 바로셀로나 올림픽에서 권투의 최철수, 체조의 배길수, 레슬링의 김일·리학선이 금메달을 차지하였고, 1996년 애틀랜타올림픽에서는 레슬링의 김일이 올림픽 2연속 금메달을 치자하였으며, 유도에서 계순희가 16살의 나이로 금메달을 땄던 시기이다. 조선민족의 우수성을 알리고자 하는 기획의도가 다분히 반영되어 있다는 것을 확인할 수 있다.

은경이 태권도 선수임을 알게 된 엄마는 기호와 은경이 헤어지게 할 요량으로 세계태권도선수권대회가 열리는

체육관으로 간다. 체육관에서 국가대표로 나선 은경이 우
승을 차지하는 것을 보면서 조국을 빛낸 은경을 자랑스럽
게 며느리로 인정한다.

북한의 태권도와 생활 체육

〈청춘이여〉에서 여주인공 은경은 태권도 선수이다. 은
경이 경기하는 장면을 통해 보이듯이 북측의 태권도는 헤
드기어 없이 경기용 장갑과 신발을 착용한 후 겨루기를
하는데, 주먹으로 얼굴 타격을 허용하는 등 상당히 격렬하
고 다이내믹하다. 남한의 태권도가 화려한 스포츠로 발전
했다면 북측의 태권도는 실전용 격투기에 가깝다.

한편으로 태권도는 생활 체육의 하나로 활용한다. 〈청
춘이여〉에서 엄마는 은경이 수예연구사로 착각하고 며느

리감의 직업으로서 마음에 쏙 들었다. 수예연구사는 틈틈이 돈벌이도 할 수 있기 때문이었다. 그런데 실상은 은경이 수예연구소에 간 것은 체육 소조활동을 지도하기 위해서였다. 영화에서 보면 은경이 수예연구소에서 태권도를 지도하는 장면이 있는데, 이는 생활스포츠로서 체육 소조가 담당하는 활동의 하나이다.

〈청춘이여〉는 여자도 운동을 통해 조국을 빛낼 수 있다는 줄거리를 통해 여성 운동선수에 대한 편견을 바로 잡고자 만든 영화이다. 역설적으로 이런 영화가 나오는 것을 보면 여자 운동선수에 대한 편견이 남아 있다는 것을 짐작할 수 있다.

제7부 체육과 교육·교양

청소년 교육과 학교 체육

　북한에서 체육은 학교 교육의 중요한 부분이다. 북한에서 교육의 목적은 우리의 교육 목표와 같은 '지·덕·체' 교육이다. 물론 북한에서 말하는 '지·덕·체' 교육은 주체사

전국적인 체육 장려를 소재로 한 텔레비죤예술영화 〈소학교의 작은 운동장〉

상을 기본으로 한 공산주의적 도덕형 인간으로서 갖추어야 할 '지·덕·체'이다. 학교 교육에서 체육이 강조되는 것은 혁명이나 도덕적인 생활에서나 필연적으로 건강한 육체가 있어야 하기 때문이다.

사로청에서는 학생소년들에게 체육이 놀음이 아니라 로동과 국방에 튼튼히 준비하기 위한 중요한 사업이라는 것을 옳게 인식시켜 그들이 높은 자각을 가지고 체력단련에 힘쓰도록 하여야 합니다. 이와 함께 학생소년들 속에서 달리기와 키크기 운동, 체육 경기를 비롯한 여러 가지 체육활동을 널리 벌려 체육을 생활화, 대중화하여야 합니다. 그래야 새 세대들속에서 국제무대에 나가 조국의 영예를 떨칠 수 있는 우수한 체육인도 많이 자라날 수 있습니다.

—김정일, 「소년단 사업에 대한 지도를 더욱 강화하자: 조선사회주의 로동청년동맹 중앙위원회 일군들과 한 담화」, 1966년 6월 6일

건장한 체력은 청춘의 기백과 활력의 원천입니다. 학생청소년들은 체육수업에 성실히 참가하고 국방체육을 비롯한 여러 가지 과외체육활동을 활발히 벌려 몸과 마음을 튼튼히 단련하여야 합니다.

—김정일, 「전국고등중학교 '7.15최우수상' 수상자대회 참가자들에게」, 1997년 2월 5일

건강한 육체에 건전한 정신이 깃든다는 말은 북한이라고 하여 예외가 되지 않는다. 혁명의 후비대이며, 미래 사회의 주역으로 청소년들이 갖추어야 할 덕목의 하나로 강한 체력을 요구하는 것이다.

투철한 사상, 예술성 감수성과 함께 강인한 체력은 도덕주의적 공산주의자가 되기 위한 기본 소양의 하나로 인식되고 있다. 국방과 노동에 대비한 튼튼한 체력을 유지하기 위한 목적으로서 체육활동을 중요시 하고 있다.

청소년들의 체력증진을 강조하여, '사람의 체격을 개조하는 것도 혁명'이라고 강조한다. 1980년대부터 고등중학교 학생들을 중심으로 배구·농구·철봉·줄넘기·뜀틀 등을 '키 크기 운동 종목'으로 선정하고 주 1~2시간인 정규 체육 시간과 방과 후 체육활동 시간에 적극 활용하고 있다. 또한

학교 체육의 중요성을 강조한 과학영화

북한 경제난이 어려워지고 식량난이 가속화된 1990년대 중반부터는 16세를 기준으로 '남자 165cm, 여자 160cm'를 국가 기준치로 정하고 개인별로 '키 크기 기록카드'를 지급하고, '전국 장신자 경연대회'를 개최하면서 청소년들의 신장 향상을 꾀하고 있다.

학교에서는 체육 소조를 통해 체육활동이 의무화되어 있다. 인기 있는 소조는 축구를 비롯하여 농구 등의 구기 종목이다. 북한에서도 인민의 건강을 국가 발전의 핵심 문제로 추진한다. 특히 정신적으로나 육체적으로나 성장기에 있는 청소년들의 신체 발달과 관련해서는 적극적으로 관여한다.

축구, 배구, 롱구, 탁구를 비롯한 구기는 청소년들에게 가장 알맞는 운동입니다. 학생들이 구기를 많이 하면 몸이 튼튼해지고 키가 클뿐아니라 조직성과 규률성, 용감성과 대담성, 강의성과 민활성을 키울 수 있습니다. 학교들에서는 학생들 속에서 여러 가지 구기를 많이 하여 그들이 몸과 마음을 튼튼히 단련하도록 하여야 합니다.

—김정일, 「혁명적문학예술작품창작에서 새로운 앙양을 일으키자: 문학예술 부문 일군들과 한 담화」, 1986년 5월 17일

청소년들에게 권장되는 체육 종목의 하나가 농구이다. 체육신문에 농구가 재치성과 민첩성을 기르며 키를 크게 할 뿐만 아니라 지적 단련 특히 건강에 좋기에 청소년들에게 장려한다. 성장기의 청소년들에게 뛰는 동작을 반복하게 되면 성장판이 자극을 받아 성장에 도움이 된다고 알려져 있다.

농구는 키 크기와 협동심을 강조하는 운동으로 적극 권장되고 있다. 특히 1980년대 말 김정일 국방위원장이 농구를 적극 육성하라고 지시한 이후 크게 활성화되었다. 농구에 대한 중요성은 〈가족농구선수단〉를 통해서도 확인된다. 〈가족농구선수단〉은 제목처럼 가족이 한 팀이 되어서 전문 선수들로 구성된 팀을 이루어 시합에서 우승한다는 줄거리이다.

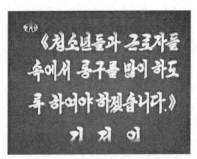

농구를 강조한 과학영화의 자막

영화에서는 체육의 중요성을 강조하는 윤상구는 "내가 농구를 강조하는 것은 장군님께서 체육은 국방의 기본이 며, 모두가 체육을 대중화하자는 방침에 따라는 것"이라 고 강조하였다. 북한의 체육정책 목표가 무엇인지를 보여 주는 대목이다.

건강에 요령은 없다

: 아동영화 〈마라손 선수〉

매일 우유를 마시는 사람보다 매일 우유를 배달하는 사
람이 건강하다는 속담이 있다. 아동영화 〈마라손 선수〉는
건강관리를 위해서는 요령이나 꾀를 부리지 말고 꾸준하

게 운동하는 것이 제일 중요하다는 주제의 만화영화이다.

조선과학교육영화촬영소 아동영화창작단에서 만든 13분 길이의 만화영화로 우리에게도 잘 알려진 북한 만화영화 '령리한 시리즈'의 21번째 작품이다. 제목에서 '마라손'은 '마라톤'의 북한식 표현이다. 남과 북의 외래어 표기법이 달라서 생긴 차이이다. 김준옥이 '영화문학', 연출, 책임미술을 맡았다.

마라톤 선수 곰 아저씨의 건강 비결

겨울을 앞둔 늦가을 숲 속에서 '령리한 너구리' 시리즈의 주인공인 곰돌이, 야옹이, 너구리가 놀고 있었다. 마라톤 선수인 곰 아저씨가 씩씩한 모습으로 나타났다. 세 친구들이 마라톤 하는 곰 아저씨의 멋진 모습을 보고 감탄

하면서, 곰 아저씨처럼 건강한 마라톤 선수가 되고 싶다면서 비결을 물었다. '어떻게 하면 곰 아저씨처럼 훌륭한 마라톤 선수가 될 수 있습니까?' 하고 물었더니 곰 아저씨는 시원하게 비결을 알려주었다.

곰 아저씨의 비결은 백설봉에 있는 장수샘물에 있었다. 곰 아저씨는 '백설봉에 건강하게 해주는 장수보약 샘물이 있는데, 하루도 빼놓지 않고 매일 먹으면 건강한 마라톤 선수가 될 수 있다'고 알려주었다.

곰 아저씨에게서 비결을 알게 된 세 친구는 다음날 아침 바로 백설봉에 올라갔다. 백설봉에 올라가서는 장수샘물을 시원하게 한 모금 마시고 다시 내려왔다. 다음날도 세 친구는 이른 아침 백설봉에 올라 장수샘물을 마셨다. 가만히 생각해 보던 곰돌이는 한 가지 꾀를 생각했다. 이렇게 어렵게 올라 왔는데, 겨우 '한 모금 마시고 가'는 것

은 억울했다. 많이 먹어야 한다고 생각했다. 곰돌이는 장수샘물을 잔뜩 먹고 내려갔다.

문제는 다음 날이었다. 다음 날이 되자 야옹이와 곰돌이는 귀찮아졌다. 매일 올라와서 샘물을 마시는 게 귀찮아졌다. 그래서 꾀를 냈다. 곰돌이는 이렇게 매일 산에 올라올 것이 아니라 아예 샘물 근처에 있는 동굴에서 살기로 작정하였다. 샘물 근처에 살면 번거롭게 올라갔다 내려갔다 할 것 없이 아무 때나 샘물을 마음껏 마실 수 있다고 생각했다.

야옹이도 꾀를 냈다. 곰돌이처럼 귀찮았다. 야옹이는 샘물을 잔뜩 지고 내려왔다. 매일 올라가서 먹고 오는 게 아니라 샘물을 떠와서 집에서 먹기로 한 것이다. 야옹이는 겨울 동안 장수봉에는 올라가지 않고, 집에서 길러 온 샘물을 먹었다.

세 친구의 건강관리 결과는

너구리는 곰돌이나 야옹이와는 다르게 매일 아침에 산에 올라가서 장수샘물을 마시고 돌아오기를 반복했다. 그렇게 겨울이 지나고 봄이 왔다. 세 친구들도 겨울을 나고 봄이 올 때까지 자기 방식대로 부지런히 약샘을 마셨다. 세 친구는 곰 아저씨의 말대로 열심히 장수샘물을 마셨지만 결과는 달랐다.

봄이 되었지만 곰돌이와 야옹이는 건강해지기는커녕 도리어 몸이 약해졌다. 곰돌이와 야옹이는 곰 아저씨를 찾아가서 물어 보았다. '아저씨 말대로 장수약샘을 매일 먹었는데도 건강해지지 않았어요?'라고 물었다. 그러자 곰 아저씨는 '어떻게 샘물을 먹었는지' 물어 보았다. 곰돌이와 야옹이의 말을 들은 곰 아저씨는 무엇 때문에 건강이

좋아지지 않았는지 알려주었다.

짐작하겠지만 건강의 비결은 사실 장수약샘에 있는 것
이 아니라 매일 장수봉에 올라가는 데 있었다. 매일 같이
장수봉에 올라 운동을 하는 것이 진짜 보약이라는 것을
알려주었다. 매일 산에 올라가면서 운동을 해야 하는데,
꾀를 부리면서 약샘만 먹었으니 건강이 약해진 것이었다.

꾸준한 운동을 마라톤 대회를 우승한 너구리

그렇게 곰 아저씨가 곰돌이와 야옹이에게 진짜 보약에
대해 설명할 때 너구리가 나타났다. 곰 아저씨의 말을 듣
고 매일 같이 장수봉에 올라가서 장수샘물을 마신 너구리
는 몰라보게 달라져 있었다.

겨울 동안 건강해진 너구리는 얼마 후에 열린 마라톤

시합에 참가하게 되었다. 너구리는 처음에는 뒤처져 있었지만 나중에는 다른 선수들을 제치고 마침내 일등을 하였다. 겨울 동안 열심히 장수봉을 오르면서 몸을 단련한 결과였다. 곰돌이와 야옹이도 너구리를 보면서 열심히 운동할 것을 다짐하였다.

그렇게 〈마라손 선수〉는 청소년들에게 건강을 위해서는 식품이나 약에 의존하지 말고 체력을 단련해야 한다는 것을 알려준다.

수영으로 건강도 지키고, 몸도 지키자

: 아동영화 〈야옹이의 구명대〉

〈야옹이의 구명대〉는 조선4·26아동영화촬영소에서 1998년에 제작한 20분 길이의 만화영화이다. 최인성과 김화성이 영화문학을, 김광성이 연출을, 김인철과 정동철이 책임

미술을 담당하였다.

아동영화답게 아동의 눈높이에 맞추어 야옹이(고양이), 멍멍이(개), 매매(염소), 돼지, 쥐와 같은 캐릭터가 등장한다. 수영은 몸과 마음을 건강하게 만들고 생명을 살릴 수 있는 좋은 운동이므로 수영 연습을 열심히 하자는 주제의 아동영화이다.

〈야옹이의 구명대〉의 주인공은 야옹이이다. 일반적으로 아동영화에서 주인공은 긍정적인 인물인데, 〈야옹이의 구명대〉에서는 부정적인 주인공이다. 야옹이가 수영을 열심히 하지 않다가 죽을 뻔 했던 고비를 넘기고 나서 열심히 수영을 배운다는 내용이다.

수영은 건강과 몸을 지키는 좋은 운동

동산 수영장에서 동물 친구들이 모여서 수영을 즐기고

있었다. 여름방학을 맞이하여 펼쳐진 수영 시합을 앞두고 동물들이 모여서 훈련을 하고 있었다. 모범생인 멍멍이가 수영 시범을 보인다. 멍멍이는 높은 곳에 올라가 멋진 폼으로 다이빙을 하였다. 그렇게 모든 동물들이 다 모여서 수영을 즐기고 있었는데, 유독 야옹이만 보이지 않았다. 야옹이는 수영을 별로 좋아하지 않았다. 그래서 훈련에도 참가하지 않은 것이다.

실제로도 고양이는 물을 그리 좋아하지 않는다고 알려져 있다. 아동영화는 어린이들의 눈높이 맞추어 의인화된 동물이 등장하고, 만화적인 수법이 사용된다. 하지만 이 경우에도 동물의 생태적인 특징이 중요한 고려사항이 된다. 동물의 생김새나 특성에서 크게 벗어나지 않도록 설정한다. 아동영화에서 강조하는 과학성의 원칙이다.

고양이 세수라는 말도 물을 싫어하는 고양이처럼 겨우

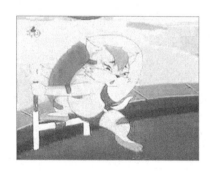

물을 묻히는 정도로 세수하는 것을 비유한 표현이다. 〈야옹이의 구명대〉에서도 야옹이는 물을 좋아하지 않는다. 수영도 좋아하지 않는다. 야옹이는 '수영을 배워서는 무엇 하겠느냐'고 불평만 늘어놓았다.

모범생인 멍멍이가 야옹이를 찾아와서는 물었다. '왜 수영하지 않니?' 야옹이는 몸이 아프다는 핑계를 대고는 오늘도 빠지려고 한다. 멍멍이가 야옹이를 설득하였다. '수영이야 말로 건강을 지키고 마음을 튼튼하게 하는 좋은 운동'이라고 하면서 같이 수영을 하자고 권하였지만 야옹이는 심드렁하니 관심을 두지 않았다.

멍멍이가 야옹이에게 수영을 권장한 것은 몇 가지 이유가 있었다. 시합도 얼마 남지 않았거니와 수영 훈련을 게을리 하다가 위험에 처하게 되면 스스로 물 속에서 위험에 빠질 수 있기 때문이었다. 하지만 멍멍이의 충고에도

멍멍이는 변하지 않았다. 시합이 얼마 남지 않았다. 다른 동물들은 훈련에 몰두하였지만 야옹이는 훈련은커녕 물에 들어가는 것도 좋아하지 않았다.

수영 훈련을 게을리 한 야옹이

야옹이도 수영을 배워두지 않으면 물속에서 문제가 생길 수 있다고 생각은 하고 있었다. 하지만 믿는 구석이 있었다. 구명대였다. 겨우겨우 물에 들어간 야옹이는 구명대만 있으면 문제없을 거라고 생각했다. 그래서 구명대 없는 훈련에는 참가하지 않았다. 훈련을 싫어하면서도 야옹이가 물을 찾는 이유는 따로 있었다.

생선이었다. 고양이에게 생선 맡긴다는 말이 있듯이 야옹이는 물고기를 좋아했다. 야옹이는 다른 동물 친구들이

수영 훈련 중일 때에도 야옹이는 방울낚시에만 신경을 썼다. 낚시 방울이 울렸다. 큰 물고기가 걸렸다. 힘이 센 물고기와 씨름을 하던 야옹이가 물에 빠졌다. 야옹이는 수영을 못하였지만 구명대가 있었다. 구명대 때문에 무사히 밖으로 나올 수 있었다.

큰 위기를 겪었지만 야옹이는 달라지지 않았다. 오히려 더욱 구명대를 믿고 수영 훈련을 하지 않았다. 야옹이에게 친구들이 아무리 수영을 하라고 권하지만 야옹이는 구명대만 있으면 아무 일 없을 것이라고 생각했다.

야옹이 구명대에 생긴 일

그렇게 수영 훈련을 게을리 하던 야옹이에게 마침내 큰일이 생겼다. 야옹이가 잠든 사이에 생쥐들이 나타났다.

생쥐들은 야옹이가 잡아 놓은 물고기를 훔치려고 계획하였다. 야옹이 구명대에 구멍을 뚫은 다음 종이로 살짝 막았다. 그리고 물고기를 훔쳐 달아났다. 생쥐들이 물고기를 훔쳐갔다는 것을 알게 된 야옹이가 생쥐들을 쫓았다. 생쥐들이 물속으로 들어가자 야옹이는 구명대를 갖고 강물로 뛰어 들었다.

구명대가 제 역할을 할 수 없었다. 종이로 구멍을 막은 야옹이의 구명대는 점점 바람이 빠졌다. 강물에 빠져 죽게 된 야옹이는 그제야 평소 수영 훈련을 충실히 하지 않았던 것을 뼈저리게 후회하였다. 다행히 야옹이를 찾아 왔던 멍멍이와 친구들의 도움으로 야옹이는 목숨을 구할 수 있었다.

수영을 못해 죽을 뻔 했던 야옹이는 게으름을 피웠던 자신을 반성하였다. 그리고는 친구들의 도움을 받아 목숨

을 구한 야옹이가 멍멍이와 열심히 수영 훈련을 하였다.
그 결과 친구들과 함께 출전한 단체 수영 시합에서 당당
히 우승을 차지하였다.

승리의 비결은 팀워크

: 아동영화 〈결승전〉

 〈결승전〉은 '령리한 너구리' 시리즈의 15부작으로 조선
과학교육영화촬영소 아동영화창작단에서 1989년에 제작
하였다. 러닝타임은 13분이다. 어린이들에게 인기가 높은

축구 경기를 소재로 단체 경기인 축구에서는 개인 기술보다 팀워크가 중요하다는 것을 알려준다. 어린이용 만화영화답게 축구에서 상상할 수 있는 다양한 전술과 만화적 기법이 활용된다.

개인기 좋은 너구리팀의 에이스 7번 깜장너구리

〈결승전〉은 너구리팀과 야옹이팀의 축구 경기 결승전에 대한 이야기이다. 곰팀을 2:1로 이긴 너구리팀과 멍멍이팀을 2:0으로 이긴 야옹이팀의 결승 경기가 열렸다. 시합을 앞두고 너구리팀 감독은 작전을 짰다. 야옹이팀 선수들은 매우 빠르기 때문에 패스를 중심으로 하는 플레이를 해야 하자고 주문했다.

양팀의 열광적인 응원 속에 경기가 시작되었다. 너구리

팀의 에이스는 7번 깜장너구리 선수였다. 깜장너구리 선수는 월등한 개인기로 야옹이팀 선수들을 제치고는 선취 득점에 성공하였다. 야옹이팀 선수들도 반격하였다. 빠르게 공을 몰면서 너구리팀을 공격하였다. 하지만 너구리팀 골키퍼의 선방에 막혀 득점하지 못하였다.

다시 시작된 너구리팀 공격에서 야옹이 선수들은 깜장너구리를 집중 마크했다. 야옹이 선수들이 몇 겹으로 둘러쌌지만 깜장너구리는 패스를 하지 않았다. 다른 너구리 선수들이 "나한테 달라"고 소리쳤지만 깜장너구리는 듣지 않았다. 그렇게 혼자서 야옹이 선수들을 제치고 슛을 날렸지만 제대로 슛을 할 수 없어 골키퍼에 막혔다.

다음 공격 기회에서 깜장너구리는 수적으로 우세한 야옹이 선수들을 당해낼 수 없었다. 야옹이 선수의 옷을 붙잡아 경고까지 받았다. 이후에도 깜장너구리 선수는 개인

플레이만 고집하다가 공을 빼앗겼고, 마침내 야옹이팀에게 한 골을 먹고 1:1이 되었다.

경기가 다시 시작되자 깜장너구리 선수는 혼자서 공을 몰고 가려다가 심판에게 지적을 받았다. "시작뿔은 혼자서 몰고 갈 수 없다"는 경기 규칙을 위반했기 때문이었다. 그렇게 해서 1:1로 전반전이 끝났다.

승리의 비결은 단결력

휴식 시간이 되었다. 너구리팀 감독은 깜장너구리 선수를 불렀다. 그리고는 "7번 선수는 경기에 참가할 수 없습니다. 후반전에는 13번 선수가 들어가서 철저히 연락체계로 해야 겠습니다."고 말했다. 에이스 깜장너구리 선수를 빼고 13번 선수로 교체한 것이다. 한편 야옹이팀에서는

후반전에 앞서 깜장너구리 선수를 전담해서 막을 대책을 세웠다.

7번 선수는 실망했다. "흥! 내가 없으면 이길 것 같아" 하고는 벤치에서 후반전을 지켜보았다. 너구리팀은 일사 분란하게 대오를 이루고 가운데 선수가 공을 가지는 독특한 공격으로 야옹이팀을 압박했다. 심판들이 모여서 반칙인지 아닌지를 따졌지만 달리 반칙이라고 할 수 없다고 결론지었다. 그렇게 해서 너구리팀의 독특한 공격은 허용되었고, 야옹이팀은 반칙을 할 수밖에 없었다. 공격찬스를 얻은 너구리 선수들은 협력 플레이로 한 골을 넣었다. 스코어는 2:1. 너구리 선수들이 골을 넣은 10번 선수를 칭찬했다. 그러자 10번 선수는 "이러지 말어. 어디 나 혼자 넣은 골이니. 우리 모두가 힘을 모아서 넣은 골이지".

이 말을 들은 깜장너구리는 머쓱해졌다. 골은 혼자서

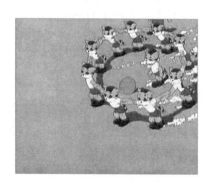

넣는 것으로 생각했는데, 그게 아니었다. 깜장너구리는 감독에게 간절하게 요청했다.

"이젠 경기에 참가하게 해 주십시오."

"무엇을 잘못했는지 알만 합니까."

"예. 이제부턴 혼자 하는 버릇을 철저히 없애겠습니다".

그렇게 깜장너구리 선수는 혼자 하는 버릇을 없애겠다고 다짐하고는 경기장에 들어갈 수 있었다.

다시 경기에 들어간 깜장너구리 선수는 다른 선수들과 패스를 주고받으면서 슛을 날렸다. 아깝게 골키퍼의 손을 맞고 아웃이 되었다. 코너킥이었다. 깜장너구리는 다른 너구리 선수의 무등을 타고 올라가 공을 받았다. 그리고는 공을 떨어트리지 않은 재간을 부리다가 골문 앞에서 내려와 골을 넣었다. 스코어는 3:1. 너구리팀이 두 골 차이로 앞서갔다.

지고 있던 야옹이팀 감독이 선수들에게 새로운 작전을 내렸다. 야옹이팀 선수들은 너구리 선수들 했던 것처럼 스크럼을 짜서 공을 가진 선수를 에워싸고는 빠르게 너구리팀으로 공을 몰았다. 그러나 7번 깜장너구리 선수는 동료들에게 대응 방법을 알려주었다. 미리 들어가는 척 하다가 동시에 빠져나오는 것이었다. 즉, 업사이드 전략이었다.

야옹이팀 선수들이 다시 공격해 오자 너구리 선수들은 일렬로 서 있다가 한꺼번에 빠져나왔다. 그렇게 아무도 없는 사이로 스크럼을 짠 야옹이 선수들이 골을 몰아 골문으로 들어갔다. 야옹이 응원단에서는 환호하였지만 심판은 깃발을 들었다. 업사이드였다. 너구리 선수들이 일심단결로 업사이드 작전을 구사한 것이었다. 그렇게 야옹이 선수들의 총공세를 막아내고, 경기는 너구리팀의 승리로 끝났다.

승리를 축하하는 가운데 방송사에서 7번 깜장녀구리 선수를 인터뷰하였다.

　"수고 많았습니다. 어떻게 그런 높은 기술을 구사할 수 있었는지 그 비결을 말씀해 주십시오."

　"그건 우리 동무들 모두의…."

　"아하. 그러니까 동무들의 방조가 없었다면 그 훌륭한 개인 기술도 은을 낼 수 없었다. 그 말씀이지요."

　"예 바로 그렇습니다."

　방송 인터뷰에서 7번 너구리 선수는 단결력으로 승리할 수 있었다고 소감을 말한다.

자신감이 승리를 부른다

: 아동영화 〈야구 경기〉

〈야구 경기〉는 '령리한 너구리' 시리즈의 16부작으로 조
선과학교육영화촬영소 아동영화창작단에서 1989년에 제작
하였다. 러닝타임은 13분이다.

북한의 야구는 1980년대 말부터 시작됐다. 1988년 10월 '전국인민체육대회' 때 처음으로 정식 종목으로 채택된 이후 전국 규모의 체육대회에서 경기가 열리기는 했으나 대중화되지는 못했다. 사실 북한에서 야구는 미국에서 시작한 운동이라며 골프와 함께 육성이 금기시된 종목 중 하나였는데, 북한에서는 거의 알려지지 않은 야구 경기를 소재로 하였다는 점이 특이하다.

아동영화 〈야구 경기〉는 큰 동물팀과 작은 동물팀의 야구 경기를 소재로 용기를 갖고 당당하게 맞서면 강한 상대도 이길 수 있다는 것을 주제로 한다.

에이스 투수의 부상으로 시작된 경기

작은 동물들이 야구 용품을 챙겨 연습에 나섰다. 몸 풀

기부터 시작한 훈련은 내일 있을 경기를 앞둔 마무리 훈련이었다. 곰돌이가 큰 소리쳤다. "내일 있을 시합은 나만 믿으라고 나만." 곰돌이는 그렇게 큰 소리쳤지만 상대는 막강했다. 큰 짐승들 팀이었다. 큰 동물들은 힘이 어마어마했다. 코끼리 선수가 던진 야구공을 하마 선수가 배트로 쳤더니 공에 맞은 나무가 갈라졌고, 바위가 부서질 정도였다. 이 모습을 본 지켜보던 곰돌이는 기가 질렸다.

드디어 큰 동물팀과 작은 동물팀의 야구 경기가 시작되었다. 시합을 앞두고 양팀 선수들이 그라운드에서 마지막 훈련을 하고 있었다.

큰 동물팀의 투수는 코끼리 선수였다. 코끼리 선수는 코에 야구공을 끼우고는 이리저리 흔들고는 공을 던졌고, 타자들은 괴력으로 받아쳤다. 작은 동물팀의 곰돌이 선수는 큰 동물들이 훈련하는 모습만 보고도 겁을 먹었다.

작은 동물팀 선수 중에서 주목할 선수는 국제 야구 명수인 원숭이 선수였다. 곰돌이는 재주 많은 원숭이 선수가 한 팀이라는 것을 알고는 다시 힘을 냈다. 작은 동물팀의 선공으로 시작하였다. 야구 심판은 타조였고, 큰 동물팀의 포수는 얼룩말이었다. 코끼리 투수가 던진 공을 너구리 선수가 받아쳤지만 코끼리 선수는 너구리가 친 공을 가볍게 코로 빨아들였다. 다음 타자는 야옹이 선수였다. 다른 동물들의 기대를 안고 출전한 야옹이 역시 코끼리 투수가 코에 공을 빨아들이면서 아웃이었다.

그렇게 작은 동물들의 공격이 끝나고 공수가 교대되었다. 작은 동물팀의 투수는 원숭이 선수였다. 원숭이 선수가 힘차게 공을 던졌다. 큰 동물팀 하마 선수가 받아쳤다. 안타였다. 다음 타자도 원숭이 선수의 공을 받아쳤다. 이번에는 원숭이 선수가 뛰어올라 받았다. 공은 멈추지 않고 원숭이 선수와 함께 멀리 날아갔다. 멀리 날라 간 원숭이 선수는 부상을 입고 구급차에 실려 갔다.

작은 동물팀으로서는 엄청난 손실이었다. 곰돌이는 포기하고 그만 두겠다고 하였다. 이때 너구리가 나서서 재빨리 상황을 수습했다. 곰돌이에게 투수를 거북이에게 포수를 맡겼다. 그렇게 투수가 된 곰돌이 앞에 나타난 선수는 코끼리 선수였다. 곰돌이는 훈련 도중에 엄청난 파워로 바위를 깨뜨리던 모습이 떠올랐다.

겁에 질린 곰돌이의 다리가 후둘 거렸다. 곰돌이는 마운드에 더 이상 서 있지도 못하고 그대로 주저앉았다. 보다 못한 야옹이가 곰돌이에게 일침을 놓았다. "그렇게 할 거면 당장 나가." 곰돌이는 겨우 정신을 차리고 다시 공을 던졌다. 안타, 안타. 연속 안타를 맞았다. 다음 선수는 코끼리 선수였다. 코끼리 선수가 땅볼을 쳤다. 토끼 선수가 달려나와 홈으로 공을 던졌고 거북이가 공을 잡았다. 거북이는 베이스를 돌아 홈으로 들어오던 하마와 코끼리를 막아섰다. 그리고는 터치아웃으로 두 동물을 잡고 이닝을 끝냈다.

작은 동물팀의 작전 승리

새로운 이닝이 시작되자 작은 동물팀에서는 작전을 바

꾸었다. 빠르게 공격하기로 하였다. 너구리는 코끼리의 공을 맞받아쳤다. 공은 코끼리 선수 몸에 맞고 튀었다. 안타였다. 다음 타자는 거북이 선수였다. 거북이 선수는 공을 치고는 몸을 둥글게 해서 베이스로 달렸다. 세이프. 다음 타자는 돼지였다. 돼지도 코끼리 투수의 공을 땅볼로 강하게 때렸다.

다음 타자인 너구리도 땅볼을 때렸다. 그리고는 덩치가 큰 동물들 사이로 비집고 달려서 득점에 성공한다. 그렇게 작은 동물팀 선수들은 땅볼로 큰 동물팀을 공격했다.

2회 공격에서 17:0까지 벌어졌다. 큰 동물들은 작은 동물들의 옷을 붙잡는 반칙을 했다. 코끼리는 홈으로 달려가는 곰돌이를 코로 잡아 당겨 들어가지 못하게 했다. 그러자 거북이가 코끼리 콧속으로 들어가 바람을 막았다. 다시 득점. 이렇게 해서 스코어는 21:0으로 벌어진 상태에서 공수가 교대되었다.

큰 동물의 대반격

큰 동물들은 파워가 대단했다. 코뿔소 선수가 친 공은 하늘높이 올라갔다 내려오는 까닭에 공을 받은 곰돌이 선수가 땅 속으로 들어갈 정도였다. 큰 동물 선수들은 힘으로 몰아 붙였다. 얼룩말 선수가 친 공은 끝도 없이 날아가는 홈런이었다. 하마 선수가 친 공도 홈런, 낙타 선수가 친 공도 홈런, 기린 선수가 친 공도 모두 홈런이었다.

큰 동물팀 응원석에서도 신이 났다. 하마 선수가 친 공이 하늘로 날아가자 하늘에 있던 새매가 공을 잡아서 작은 동물팀에 주었다. 큰 동물들이 심판에게 거세게 항의하였다. 심판은 큰 동물 선수들의 항의를 받아들여 반칙을 선언하였다. "선수가 아닌 새매가 잡아주었기 때문에 무효입니다." 하고 무효를 선언했다. 스코어 21:20에서 큰 동물팀의 공격이 이어졌다. 다음 선수는 가장 힘이 센 코끼리 선수였다.

승리를 부른 마지막 작전

작은 동물팀 선수들은 낙담했고, 큰 동물팀 선수들은 신이 났다. 작은 동물팀 돼지는 "우리도 새매처럼 날개가 있으면…" 하면서 안타까워하였다.

너구리는 선수들을 모아놓고 작전을 짰다. 그리고 다시 시합이 시작되었다. 곰돌이가 던진 공을 코끼리 선수가 받아쳤다. 공은 하늘로 날아갔다. 그러자 작은 동물팀 너구리와 돼지가 거북이 선수를 맞잡고 하늘로 던졌다. 하늘로 올라간 거북이가 날아가는 야구공을 잡았다. 그렇게 해서 경기는 끝이 났다. 21:20으로 작은 동물팀이 이겼다.

경기가 끝나고 우승팀에 대한 시상식이 열렸다. 1등상은 큰 산삼이었다. 시상식으로 나가려는 곰돌이에게 야옹이가 한 마디 했다.

"겁장이는 상을 받을 자격이 없어. 다음부터는 겁먹지 말라." 곰돌이는 "알았어"라고 말하면서 다른 동물들과 함께 시상대로 달려 나갔다.

축구 응원게시판의 분공 작업

: 아동영화 〈꼬마 화가〉

〈꼬마 화가〉는 조선4·26아동영화촬영소에서 2003년에
제작한 14분 길이의 만화영화이다. 황민과 오철남이 영화
문학을 맡고, 윤영길이 연출하였다. 축구 시합을 앞두고

반에서 함께 작업하기로 한 응원판을 그리기로 한 별이가
대충 그림을 그리는 바람에 선수들이 진다는 꿈을 꾸고는
선수들에게 힘을 주는 좋은 그림을 그린다는 줄거리이다.
축구 경기를 소재로 '자기에게 맡겨진 일은 책임지고 완
성해야 한다'는 것을 주제로 한다.

축구 선수 응원게시판을 맡은 꼬마화가 별이

학교 체육대회를 앞두고 학급 간 축구 시합이 열린다.
별이네 반에서는 축구 선수들을 응원하는 게시판을 만들
기로 하였다. 게시판을 맡은 친구들은 게시판에 붙일 그림
을 각자 그려 오기로 하였다.

별이는 반에서도 그림을 잘 그리는 그림 재간둥이였다.
하지만 별이는 자기가 맡은 그림을 제대로 그리지 않았다.

별이의 마음은 온통 솜씨전람회에 출품할 그림 그리는 데 있었다. 자기 그림을 그리느라 친구들과 나누어 맡은 그림을 제대로 그리지 않았다.

별이 친구 옥이가 한 마디 했다. "각자 맡은 그림을 잘 그려야 한다"고 독촉하였지만 별이는 심드렁했다. '대충 그리면 되지 않겠느냐'면서 대강 그린 그림을 가지고 왔다. 하지만 퇴짜였다. 옥이는 '솜씨전람회에 그림을 그리는 것도 중요하지만 조직의 분공도 중요'하다면서 별이가 그린 그림을 붙일 수 없다고 퇴짜를 놓았다.

별이가 그린 축구 선수 그림은 성의가 없었다. 그림 속의 축구 선수들은 옷도, 신발도 제각각이었다. 별이는 옥이가 얄미웠다. '그깟 그림 한 장 없다고 축구 경기에 지기야 하겠니' 하고는 불만을 털어 놓는다.

꿈속에서 만난 그림 속 축구 선수들

게시판에 붙일 그림을 다시 그리던 별이는 맡은 그림을 채 완성하지 못하고 그만 잠이 들었다. 잠이 든 별이는 축구 시합하는 꿈을 꾸었다. 꿈속에서 별이가 그린 1반 선수들과 5반 선수들의 축구 시합이 열렸다. 아뿔싸! 별이가 그린 축구 선수들은 엉망이었다. 선수들의 옷 색깔도 제각각이었고, 신발도 맞지 않았다. 공격수들은 뚱뚱해서 제대로 뛰지도 못하였다.

경기도 엉망이었다. 별이네 축구 선수가 결정적인 찬스를 맞이하였다. 하지만 옷 색깔만 보고는 상대편 선수로 착각한 자기편 선수에게 걸려 넘어졌다. 공격수는 몸이 무거워서 제대로 뛰지도 못하였고, 축구 선수들의 신발도 제 각각이었다. 경기에서 이길 수가 없었다. 결국 경

기는 엉망이 되었고 결국 별이네 축구팀이 5반에게 0:3 으로 졌다.

놀라 꿈에서 깬 별이는 자신이 무엇을 잘못했는지 반성하였다. 별이는 자기가 맡은 그림을 정성껏 그려서 학교에 가지고 있다. 그리고 응원게시판에 붙였다. 별이네 반 축구 선수들은 응원게시판에서 별이가 그린 그림을 보았다.

축구 선수들은 힘차고 멋있게 그려져 있었다. 선수들도 힘을 냈다. 그렇게 열린 시합에서 별이네 팀이 1등을 하였다. 별이도 게시판에 그린 멋진 그림으로 꼬마화가로 더욱 이름을 날리게 되었다.

축구를 활용한 건강 교육

: 아동영화 〈꼭 지키자요〉

〈꼭 지키자요〉는 조선4·26아동영화촬영소에서 2009년에 제작한 15분짜리 만화영화이다. 백일홍팀의 명 골키퍼명수의 배앓이를 소재로 의사의 지시대로 시간에 맞추어

약을 먹어야 한다는 주제의 아동영화이다.

배탈이 난 골키퍼

명수는 백일홍팀의 골키퍼이다. 축구 결승경기를 앞두고 연습을 하면서, 이쪽 구석 저쪽 구석 날아오는 공을 막아내는 명 골키퍼였다. 친구들은 명수를 칭찬했다.

친구들의 칭찬에 명수의 기분도 좋아졌다. "뭘 이런 걸 가지구." 명수와 친구들은 오후에 벌어질 결승 경기를 앞두고 연습 중이었다. "예들아 오후에 열릴 결승 경기를 위해서 좀 더 연습하자."면서 친구들과 연습을 더 하려고 하였다.

결승 경기는 오후 3시에 열리기로 되어 있었다. 한시가 급했다. 연습을 하려고 하는데 갑자기 배가 아파오기 시작

하였다. 급기야 명수는 배를 부여잡고 운동장에 쓰러졌다. 친구들이 명수를 업고 병원에 갔다. 친구들은 비상이 걸렸다. 결승 경기를 코앞에 놔두고 골키퍼가 병원에 실려 갔으니 청천벽력이 따로 없었다. "명수가 없으면 안돼…" 하고 낙담하였다.

크게 걱정할 수준은 아니었다. 명수의 병은 '대장염'이었다. "나쁜 병균이 배에 들어가서 생긴 병"이었다. 오후에 있을 결승 경기를 걱정하는 명수에게 의사 선생님은 "빨리 약을 먹고 고쳐야죠." 하면서 약을 주었다. "약은 2알씩 6시간 간격으로 꼭 먹어야 해요."라고 하면서 약을 주었다.

명수의 배 속으로 들어간 약은 항생제 병사가 되어 병균들과 싸울 준비를 하였다. 대장은 인간의 신체장기가 그려진 차트를 보면서 병사들에게 작전지시를 하였다.

"우리가 있는 이곳은 바로 여기. 간 밑이고, 나쁜 병사들이 있는 곳은 이곳 대장(大腸)이다."

그리고는 병사들에게 임무를 주지시켰다.

"지금 나쁜 병균들이 대장을 차지하고 독성 물총으로 사정없이 대장을 파괴하고 있다. 때문에 우리의 임무는 나쁜 병균을 질식시키는 것이다. 우리가 여기서 싸울 수 있는 시간은 6시간밖에 안 되오. 반대로 바쁜 병균들은 몇 번씩 분열번식을 해서 그 수가 대단히 많소."

대장은 병사들을 다독였다.

"하지만 걱정 마요. 명수가 6시간마다 새로운 약 병사들을 보내줄 것이요."

대장의 말에 병사들은 다시 힘을 얻고 용감하게 나쁜 병사들을 물리쳤다.

다시 쓰러진 골키퍼 명수

약 병사들은 나쁜 병균을 물리치면서, 명수의 아픔도 사라졌다. 명수는 배가 아프지 않자 병원에서 나와서는 경기장으로 나갔다. 그리고는 축구 시합 준비를 하였다. 드디어 경기 시간이 되었고, 명수가 속한 백일홍팀의 경기도 시작되었다. 축구 경기는 명수의 활약으로 이기고 있었다. 그렇게 하는 동안 시간이 흘러 약 먹을 시간이 되었다.

배가 아프지 않자 결승 경기가 걱정이 되었다. 시계를 보았더니 시간이 꽤 지났다. 명수는 '6시간마다 꼬옥 약을 먹어야 해요'라고 말했던 의사 선생님의 말씀이 생각났다. 하지만 배는 아프지 않았다. 배도 아프지 않은데, 약을 먹어야 할까. 명수는 먹지 않아도 된다고 생각했다. 명수는 약도 먹지 않고, 챙기지도 않고 경기장으로 나갔다.

경기가 시작되었다. 상대방 선수들이 공을 몰아서 슈팅을 하였지만 명수는 빼어난 동작으로 골문을 막아냈다. 경기장에서는 문제없이 골문을 지켰지만 명수의 장속에서는 문제가 생겼다. 6시간이 지나면서 항생제 병사들은 탄환이 떨어져 싸울 수가 없게 되었다.

배속에서 항생제 병사들이 쓰러지면서 명수의 배도 다시 아프기 시작하였다. 항생제 병사들은 애타게 명수를 찾았지만 후속 병사들은 오지 않았다. 항생제 병사들이 쓰러지면서 명수도 쓰러졌다. 운동장에서는 상대팀 선수가 날린 공이 데굴데굴 굴러 왔지만 명수는 막지 못하고 골을 쓰러졌다.

병원으로 실려 간 명수가 다시 약을 먹었다. 새로 도착한 항생제 병사들은 나쁜 병균을 물리쳤다. 병실에게 깨어난 명수가 의사 선생님에게 물었다.

"아까는 다 나았는데, 왜 다시 아팠나요?"

"항생제는 배속에 들어가 6시간 내지 8시간밖에 싸울 수 없어요. 그런데 나쁜 병균들은 분열번식을 해서 빠른 속도로 늘어나지요."

고개를 끄덕이는 명수에게 의사 선생님이 다시 한 번 당부를 했다. "의사 선생님이 시키는 대로 말을 꼭 들어야 해요. 그래야 빨리 병도 낳고 큰일을 할 수 있어요." 명수와 친구들은 의사 선생님에게 고맙게 인사하고 돌아왔다.

운동선수의 바른 옷차림

: 텔레비죤토막극 〈인사를 받아 주십시오〉

체육인의 예의를 알려주는 텔레비죤토막극

우리 식으로 말하면 텔레비죤교양물인 '텔레비죤토막

극 〈인사를 받아 주십시오〉는 텔레비죤극창작단에서 2007년에 제작한 10분 길이의 방송물이다. 토막극이라는 명칭에서 알 수 있듯이 극형식을 빌린 매우 짧은 방송물이다. 주로 생활예절이나 공중도덕 같은 내용을 주제로 한다.

제목에서 알 수 있듯이 〈인사를 받아 주십시오〉는 '때와 장소에 맞는 옷차림으로 예의를 지키자'는 내용으로 구성하였다. 북한에서는 옷차림과 몸단장을 '사람들의 사상정신 상태와 문화생활 수준의 방영'이라고 규정한다. 〈인사를 받아 주십시오〉에서는 운동선수인 명길과 영호를 등장시켜 때와 장소에 맞는 옷차림을 강조한다.

친구 아버님의 생신날이 되어

주인공은 전문체육단 소속의 운동선수인 명길과 영호

이다. 두 사람은 오늘도 훈련장에서 열심히 운동하고 있었다. 두 사람은 운동이 끝나고 순철이 아버님을 뵙기로 하였다. 오늘이 같은 체육단 소속인 순철이 아버님의 생신날인데, 순철이가 국제 경기 대회에 참가하느라고 집에 없었다. 그래서 명길과 영호는 국제 경기에 나간 친구 순철을 대신하여 순철 아버님의 생일을 축하해 주기로 하였다.

그런데 훈련이 끝나갈 무렵 젊은 여성이 명길을 찾아왔다. 젊은 여성이 면회 와서 명길이를 찾는다는 말을 들은 영호는 명호의 애인이 찾아왔다고 생각했다. 애인이 아니면 훈련장까지 찾아오기가 쉽지 않다고 생각했다. 더욱이 같이 순철이 아버님을 찾아뵙기로 약속까지 했던 명길이가 '먼저 가겠다'고 하는 것을 보니 애인이 분명했다.

영호는 괘씸한 생각도 들었다. 같은 훈련단에서 함께 고생하고, 국제 경기에 나간 친구를 대신해서 친구 아버지의 생일상을 챙겨주지는 않고, 애인이 왔다고 홀랑 가버리는 명길이가 괘씸했다.

명길이는 면회 온 젊은 여성과 함께 나가면서, 말로는 "어디 좀 들렸다가 인차 가겠습니다"고 하였지만 그거야 알 수 없는 일이었다. 영호는 어찌되었던 친구아버지 생신보다는 여자 친구와 산보(데이트)하는 게 더 중요하다고 생각하는 명길이를 보면서 씁쓸해 하였다. 하지만 어쩔 수 없었다. 영호는 훈련이 끝나자마자 바로 순철이네 집으로 향하였다. 훈련복 차림으로 나선 영호는 가게에 들러 순철이 아버님께 드릴 맥주랑 선물을 샀다.

순철네 집에서 생긴 일

영호가 순철이네 집을 찾아가자. 순철이 부모는 반갑게 맞아 주었다. '훈련도 바쁠 텐데 찾아와 주어서 고맙다'면서 자리도 권하고, 과일도 내어 왔다. 영호와 순철이와는 어려서부터 막역하게 지낸 친구 사이였다. 그래서 허물없이 지냈다.

순철이의 아버님과 어머님은 영호를 아들처럼 대하였고, 영호는 자기 집처럼 편하게 있었다. 영호는 자식처럼 대해 주는 순철이 아버님과 어머님을 보면서 '친구를 대신

해서 축하해 주기 위해서 오기 잘했구나' 하고 생각했다.

순철 아버지가 물었다. "그런데 누가 같이 오기로 하지 않았는가?" 영호는 당황했다. "같이 오기로 하였는데, 갑자기 일이 생겨서 못 오게 되었어요."라고 대답하였다. 그렇게 앉아서 이런 저런 이야기를 나누고 있을 때였다. 초인종이 울렸다. 누군가 찾아온 것이다.

영호가 나가 문을 열었더니 같이 오기로 했던 명길이가 젊은 여성과 함께 문 앞에 서 있었다. 영호가 사연을 물었다.

"어떻게 된 거야. 어디 갔다가 이제 오는 거야?"

"훈련이 끝나고 바로 오려고 했는데…."

명길이가 늦은 이유

명길이는 늦게 온 이유를 설명했다. 옷 때문이었다. 체

육단에서는 훈련을 받느라 훈련복(트레이닝복)을 입고 있었다. 국제대회까지 나간 순철의 아버님 생일날이라는 것을 알고는 훈련복으로 갈 수 없어서 양복을 입고 오느라고 늦었다고 대답했다. 그러고 보니 명길은 말끔한 얼굴에 말쑥한 정장 차림으로 서 있었다.

영호가 명길의 애인이라고 생각했던 여성은 사실 명길의 여동생이었다. 명길의 여동생이 훈련소로 찾아 온 이유는 명길의 양복 때문이었다. 여동생이 명길의 양복을 갖고 온 것인데, 영호는 애인이 데이트하러 온 것으로 오해하였던 것이었다.

의안이 벙벙해 있는 영호에게 명길이 말하였다.

"우리 아버지께서 '아무리 가깝고 편한 사이라고 해도 때와 장소에 맞는 옷차림을 해야 한다'고 늘 말씀하셨습니다. 그래도 어르신을 뵙는데, 옷차림을 함부로 해서야 되겠습니까."

명길의 말을 들은 영호는 자신을 돌아보았다. 그제야 영호는 자신의 옷차림이 격에 맞지 않는다는 것을 알았다. 훈련을 마치고 곧바로 오느라고 제대로 씻지도 못하였고, 옷은 또 그대로 트레이닝복 차림이었다. 얼굴을 붉히는 영호를 본 명길이가 다시 말하였다. "그렇지 않아도 오면서 입을 만한 옷을 따로 가지고 왔습니다."면서 옷을 내밀었다.

운동선수의 바른 옷차림

같은 체육단 소속의 동료 아버님에게 인사를 하러 가면서, 선배의 옷까지 챙겨준다는 것은 좀 억지스러운 설정일 수 있다. 체격도 다르고, 사이즈도 있고 디자인에서도 호불호가 있다. 하지만 북한 문학예술에서는 이런 것은 문제가 되지 않는다. 논리적 구조보다는 '감정의 선'이 중요하다. 텔레비죤극 〈인사를 받아 주십시오〉의 주제가 '격식에 맞는 옷을 입자'는 것이기 때문에 주제에 맞추어 상황을 설정한 것이다.

그렇게 해서 영호는 명길이 가져다 준 양복을 입고 순철이 아버지께 정식으로 다시 인사를 올렸다. 텔레비죤극은 영호와 명길, 그리고 잘 알지 못하지만 오빠를 따라온 명길의 여동생까지 함께 순철이 아버지의 생일상을 축하

해 주는 것으로 끝난다.

북한 드라마에서 이러한 설정은 북한 사회가 '하나의 큰 가정', '사회주의 대가정'이라는 것을 보여주기 위한 것이다. 한 가정의 구성원처럼 서로를 챙겨주고 살펴보면서 화목한 사회를 만들어야 한다는 메시지가 들어 있는 것이다.

제8부 체육과 과학

승리의 비결은 컴퓨터

: 아동영화 〈두 번째 경기〉

〈두 번째 경기〉는 조선4·26아동영화촬영소에서 2004년
에 제작한 18분 길이의 인형영화이다. 첫 번째 권투 시합
에서 패한 산양 선수가 컴퓨터 분석을 통해 새로운 작전

을 짜서 두 번째 시합에서 승리한다는 내용이다. 2000년 이후 특히 강조하고 있는 컴퓨터의 중요성을 알리기 위해 복싱을 소재로 만든 아동영화이다.

승리를 부르는 과학

제1차 은방울컵 권투 경기가 열린다. 결승전에서 만난 선수는 감나무 동산의 곰 선수와 소나무 동산의 산양 선수이다. 1차전에서는 힘이 센 곰 선수가 산양 선수를 이기고 영예의 1등을 차지하였다. 1차 경기에서 패한 산양 선수는 다음에 있을 2차 경기를 기약하였다.

1차 경기에서 패한 산양 선수는 새로운 전술을 세우기 위해서 컴퓨터를 활용하였다. 산양 선수는 1차전 경기 내용을 컴퓨터를 활용해서 꼼꼼하게 분석하였다. 자신과 곰

선수의 타격 힘, 타격 속도, 타격 횟수를 데이터로 입력하고 꼼꼼하게 분석하였다. 분석 결과 곰 선수에게 뒤지는 것은 타격하는 힘뿐이었다. 자신은 곰 선수보다 타격 속도도 빠르고 타격 횟수도 많았다. 산양 선수는 컴퓨터를 이용해서 가상 경기를 펼치면서 곰 선수와 맞설 방법을 과학적으로 찾아냈다.

한편 곰 선수는 산양 선수가 컴퓨터를 이용해서 경기를 준비하는 것을 알았다. 곰 선수는 산양 선수를 얕잡아 보았다. 곰 선수는 산양 선수보다 월등한 오른쪽 타격 힘을 믿었다. 곰 선수도 컴퓨터를 이용하였지만 경기를 분석한 게 아니었다. 컴퓨터 게임만 하면서 권투 연습을 게을리하였다.

과학으로 이긴 게임

그렇게 산양 선수와 곰 선수는 2차 시합을 앞두고 서로 다르게 시간을 보냈다. 드디어 2차 시합이 열렸다.

1회전 공이 울리자 곰 선수는 지난번과 마찬 가지로 힘으로 산양 선수를 밀어 붙였다. 산양 선수는 신중하게 곰 선수의 전략을 분석하면서, 곰 선수의 약점을 파악하였다.

2회전이 시작되었다. 산양 선수는 컴퓨터 분석과 1회전의 분석을 바탕으로 곰 선수의 약점을 파고들었다. 산양 선수는 빠르게 움직이면서 곰 선수에게 맹공격을 퍼부었다. 곰 선수는 자신 있는 오른쪽 타격 힘만 노렸다. 하지만 산양 선수는 곰 선수의 전략을 꿰뚫고 있었다.

결국, 곰 선수는 산양 선수의 재빠른 공격과 기술적인 공격을 이기지 못하였다. 곰 선수는 산양 선수의 빠른 회

전력과 기술력을 보면서, 컴퓨터를 가지고 게임만 했던 자신을 반성하였다. 그리고는 컴퓨터를 잘 배우기로 결심하였다.

아이스크림이 시원했던 이유

: 아동영화 〈축구 경기 하는 날〉

〈축구 경기 하는 날〉은 '령리한 너구리' 시리즈의 09부 작품으로 조선4·26아동영화촬영소에서 제작한 13분 길이의 만화영화이다. 축구 경기를 소재로 한 아동영화로 너구

리팀과 곰돌이팀 선수들의 다이내믹하면서도 코믹하게 축구 시합을 한다는 이야기 속에 주변의 열을 **빼앗은** 물의 기화의 원리를 알려준다.

너구리와 곰돌이의 아이스크림 수송 작전

너구리와 곰돌이가 자전거에 양동이를 싣고 아이스크림 가게로 찾아 왔다. 더운 여름날 축구 시합을 하고 있는 친구들을 위해 아이스크림을 사러 온 것이었다. 너구리와 곰돌이는 양동이 가득 아이스크림을 담았다.

출발하기에 앞서 아이스크림을 양동이에 가득 담은 너구리는 보자기를 강물에 몇 번 담갔다가 꺼내어 양동이를 둘둘 감쌌다. 그리고는 곰돌이에게도 말했다. "이렇게 하고 가야 돼."

곰돌이는 너구리가 왜 그러는지 알지 못했다. 곰돌이는 너구리가 수건으로 햇빛을 가리는 것으로 생각했다. 곰돌이는 양동이를 수건으로 꼼꼼하게 감싸고는 햇빛이 들지 않도록 뚜껑까지 덮었다. 곰돌이와 너구리도 자전거에 아이스크림을 싣고는 시합장으로 열심히 달려오는 도중에도 강물에 수건을 담갔다가 꺼내서 아이스크림 통을 감쌌다. 곰돌이는 너구리가 너무 더워서 찬물로 적시는 것이라고 생각했다.

축구 시합은 팽팽하게 진행되었다. 전반전이 끝날 때 스코어는 1:1이었다. 곰돌이팀의 핵심 선수는 장수곰이었다. 전반전이 끝나고 휴식 시간이 되자 선수들은 곰돌이가 시원한 아이스크림을 사가지고 돌아오기를 기다리며 후반전을 준비했다. 다시 경기가 시작되었다. 후반전에도 양 팀은 팽팽했다. 치열한 공방 끝에 승부를 가리지 못하고

1:1로 진행되고 있었다.

후반전 경기가 진행되고 있을 때 곰돌이와 너구리가 도착했다. 경기는 정규시간이 끝나도록 승부를 가리지 못하였다. 연장전을 하게 되었다. 연장전을 앞두고 선수들은 아이스크림 통으로 모여들었다.

차이 나는 아이스크림 통

곰돌이는 야옹이 심판원에게도 아이스크림을 주자면서, 야옹이 심판을 불렀다. 아이스크림 통을 열었더니, 아이스크림은 다 녹아서 물이 되어 있었다. 곰돌이는 "내 것이 이렇게 되었으면 너구리 것은 더운 물이 되었을 거야." 라고 하면서, 너구리팀을 보았다. 그런데 너구리팀 선수들은 시원한 아이스크림을 먹고 있었다.

‘어떻게 된 일일까.’ 너구리가 가져 온 아이스크림 통의 아이스크림은 녹지 않고 처음 가져올 때와 같은 상태였다. 곰돌이가 ‘어떻게 된 일인지’ 물었다. 너구리는 수건으로 열을 감싸서 아이스크림 상태를 온전히 보존할 수 있었다고 설명해 주었다. “그건 이 젖은 보자기 때문이야. 젖은 보자기의 열이 날라갈 때, 그 아래는 서늘해진단 말이야.” 너구리는 아이스크림은 곰돌이에게도 나누어 주었다.

연장전이 시작되었다. 연장전이 끝나갈 무렵 곰돌이팀의 장수곰 선수가 힘을 다해서 멋진 오버헤드 슛을 날렸다. 슛은 너구리팀 골대를 강타하고는 반동으로 자기팀 골대로 날아갔다. 그렇게 해서 너구리팀이 곰돌이팀을 이기고 결승에서 야옹이팀과 맞붙게 되었다.

관중들을 살린 깎아차기

: 아동영화 〈은빛행성에서〉

〈은빛행성에서〉는 '령리한 너구리' 시리즈의 60부 작품으로 조선4·26아동영화촬영소에서 제작한 15분 길이의 만화영화이다.

은빛행성에서 열린 축구 시합에서 휘어차기로 골을 넣는 것을 본 곰돌이가 우주선 번개호로 바나나킥으로 알려진 '깎아차기(휘어차기)'의 원리를 이용하여 경기장으로 향하던 운석을 회전시켜, 방향을 바꾸어 바다로 떨어지게 해서 사람들을 구한다는 만화적 상상력의 이야기이다.

은빛행성에서 열리는 축구 경기

은빛행성으로 가는 우주선 번개호가 곧 출발한다는 안내 방송이 들리고 셔틀버스들이 우주선 번개호 앞으로 도착하였다. 셔틀버스에서 내린 동물손님들은 우주선 번개호를 보고는 "야! 굉장하구나!" 하면서 감탄하였다.

손님 중에는 거북이 형제도 있었다. 동생 거북이가 형에게 물었다. "형. 은빛행성이 머나~." 형 거북이가 대답

했다. "응, 하지만 저걸 타면 인차 갈 수 있어." 그렇게 거북이 형제와 동물 손님들을 태우고 우주선은 은빛행성을 향하여 출발하였다. 우주선을 운전하는 동물은 곰돌이와 야옹이 그리고 너구리였다.

너구리와 친구들은 은빛행성에서 벌어질 멋진 축구 경기를 기대하면서, 우주선을 조정하면서 은빛행성으로 가고 있었다. 은빛행성으로 가는 도중에 운석을 만났다. 다행히 너구리가 우주선의 방향을 바꾸어 운석을 피할 수 있었지만 하마터면 큰일 날 뻔했다. 곰돌이는 운석이 궁금했다. 그러자 똑똑한 너구리는 우주에 떠 있는 운석에 대해 알려주었다. 우주 공간에는 무수히 많은 운석들이 있는데, 때로는 떨어지기도 하는데, 대기권으로 떨어지면 불이 붙기도 한다고 알려 주었다.

그러는 사이에 우주비행선은 은빛행성에 도착했다. 은

빛행성에서는 은빛행성과 지구팀과의 축구 경기가 막 시작되었다. 그런데 우주를 떠돌던 커다란 운석 하나가 다른 운석과 충돌하더니 방향을 바꾸어 은빛행성으로 돌진하기 시작하였다.

이 광경은 우주 관측소에서도 알게 되었다. 우주관측소에서는 운석이 떨어지는 궤도를 계산하였다. 운석이 떨어지는 곳은 축구 경기장이었다. 운석이 떨어지는 직경 20km는 큰 폭발이 있을 것으로 예상되었다. 도시가 통째로 없어질 수 있는 위력이었다.

위기에서 빛난 지식과 용기

한편 경기장에서는 지구팀이 파울을 얻었다. 지구팀 10번 선수는 절묘한 깎아차기로 은빛행성 선수들을 비껴서

골을 넣었다. 너구리와 친구들은 신기했다. 곰돌이가 깎아 차기를 하면 왜 공이 돌아 들어가는지 궁금했다. 너구리가 곰돌이에게 깎아차기 원리를 자세히 알려주었다. 그러고 있는 사이에 우주관측소에서 긴급 방송이 나왔다.

'빠르게 떨어지는 운석이 축구 경기장으로 접근한다'는 방송을 들은 동물들은 혼비백산 도망하기에 바빴다. 너구리와 형제들은 경기장 화면을 통해 운동장으로 날아오는 운석을 보면서 방법을 찾았다. 곰돌이가 말했다. "에이. 저 놈의 운석이 뿔이라면 콱 차버리고 마는 건데…." 곰돌이의 말을 들은 너구리는 경기장에서 깎아차기 했던 것을 생각했다. 그리고는 "우리 비행선으로 운석을 돌려세우자."고 제안했다.

너구리가 원리를 설명했지만 곰돌이와 야옹이는 '말도 되지 않는다'면서 반대했다. 너구리는 피할 수 없다고 생

각했다. 그리고는 펠리컨의 등을 타고는 비행선으로 데려다 달라고 부탁했다.

그렇게 우주선에 오른 너구리는 운석을 향하여 날아갔다. 우주관측소에서는 로켓이 출발하는 것을 보고는 로켓을 타고 도망하는 것으로 생각했다. 곰돌이와 야옹이는 '지금이라도 그만두라고 해야 한다'면서 우주관측소로 달려갔다. 그 사이 너구리가 탄 우주선이 운석을 따라 잡았다.

우주관측소에 도착한 곰돌이가 너구리에게 **빨리 피하**라고 하였다. 너구리는 친구들이 만류하는 소리를 들었다. 하지만 너구리는 "걱정하지 말라면서, 축구 선수가 깎아차기한 것처럼 하면 될 수 있다."고 대답하였다. 곰돌이와 야옹이는 '그러다가 죽을 수도 있다'면서 말렸다.

하지만 너구리의 의지는 확고했다. '만약에 방향을 바꾸지 못하게 되면, 저 운석을 들이 받아서라도 꼭 이 행성을

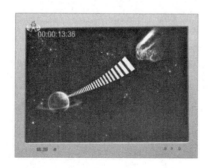

구하고야 말겠다'고 결의를 다졌다. 이 모든 광경이 운동
장 전광판으로 중계되고 있었다.

우주선으로 만든 깎아차기

운석 가까이 우주선 번개호를 몰고 다가간 너구리는 운
석 바로 앞에서 로켓의 추진력을 높였다. 우주선의 추진력
이 운석의 한 쪽으로 작용하면서 운석이 회전하기 시작했
다. 너구리는 운석이 떨어지는 속도에 맞추어 계속해서 한
쪽으로 추진력을 발사하면서 회전수를 높여 나갔다.

운석의 회전수가 분당 2,000회를 넘어 3,000회에 이르
렀다. 그 사이 경기장 가까이까지 다가온 운석은 축구 경
기장에 충돌하기 직전 방향을 바꾸어 바다에 떨어졌다.

운석이 떨어진 바다에서는 큰 폭발이 있었지만 운동장

은 안전하였다. 운동장으로 돌아온 너구리는 친구들과 함께 기뻐하는데, 다른 동물들이 너구리에게 '어떻게 운석의 방향을 돌리게 되었는지' 물어보았다.

너구리는 "공기 속에서 물체를 회전시키면 물체의 자리 길이 굽이도는 원리를 이용한 것뿐이예요. 그래서 운석이 경기장이 아닌 바다에 떨어졌던 거예요. 물체의 회전수가 빠르면 빠를수록 굽이도는 힘이 더 커지는 거예요." 하고 대답하였다. 곰돌이는 너구리를 보면서 칭찬했다. "나는 배운 것을 내 것으로 하지 못하고 그저 도망치려고만 하였어." 너구리가 친구들에게 말했다. "얘들아. 지식의 힘으로 하면 배짱도 생기고 용감성도 생긴단다."

〈은빛행성에서〉에서 강조하는 것은 두 가지이다. 하나는 과학에 대한 관심과 흥미를 갖고 잘 배워야 한다는 것이다. 언제 어떻게 무슨 일이 생길지 모르기 때문에 항상

과학 지식을 배우고 익혀야 한다는 것이다. 아이들이 좋아하는 축구와 아동영화의 형식을 이용해 어린이들에게 과학에 대한 관심과 흥미를 갖도록 하는 것이다.

다른 하나는 헌신적인 희생이다. 위험이 닥치자 너구리는 위험을 무릅쓰고 우주선에 올라 운석으로 향했다. 자칫하면 죽을 수도 있었지만 너구리는 죽기를 각오하고 나선 것이다. 너구리의 행동으로 경기장에 있던 모든 동물들이 무사히 피할 수 있었다. '사회를 위한 희생의 정신을 가져야 한다'는 것을 보여준다.

■ 김동선

경기대학교 휴먼인재융합대학 스포츠과학부 교수. 한양대학교대학원 체육학과에서 「북한체육의 기본원리와 특성에 관한 연구」로 이학박사학위를 받았다. 『북한체육론』, 『북한체육자료집』, 『광복70주년계기 남북체육교류백서』, 『북한 국제경기력 분석 연구』, 『북한이탈청소년의 신체 및 정신건강실태분석』, 『남북체육회담 시나리오 및 대책개발』 등의 저서와 논문 30여 편을 발표하였다. 경기대학교 체육대학 학장, 대통령직속 통일준비위원회 사회문화분과 전문위원, 서울시 남북교류협력위원회 위원 등을 역임하였으며, 민주평화통일자문회의 사회문화교류분과 상임위원, 대한체육회 남북체육교류위원회 위원, 사단법인 민족통일체육연구원 원장으로 활동하고 있다. 스포츠를 통한 통일기반 조성에 대한 공로로 통일부장관 표창과 국민훈장 동백장을 수상하였다.

■ 전영선

건국대학교 통일인문학연구단 HK연구교수. 한양대학교에서 국어국문학과에서 문학박사학위를 받았다. 『북한의 사회와 문화』, 『영상으로 보는 북한의 일상』, 『북한의 언어: 소통과 불통 사이의 남북언어』, 『북한의 정치와 문학: 통제와 자율사이의 줄타기』, 『영화로 보는 통일 이야기』, 『북한 애니메이션(아동영화)의 특성과 작품세계』, 『문화로 읽는 북한』, 『북한의 대중문화』, 『북한 영화 속의 삶이야기』, 『북한을 움직이는 문학예술인들』, 『북한의 문학예술 운영체계와 문예이론』 등의 저서가 있다. 겨레말큰사전 남북공동편찬위원회 이사, 민주평화통일자문회의 사회문화교류분과 상임위원, 통일부 통일교육위원, 민족화해협력범국협의회 정책위원, 북한학회 부회장, 북한연구학회 이사로 활동하고 있다.

북한의 체육정책과 체육문화

: 위성은 우주로! 축구는 세계로!

© 김동선·전영선, 2018

1판 1쇄 인쇄_2018년 02월 05일
1판 1쇄 발행_2018년 02월 10일

지은이_김동선·전영선
펴낸이_양정섭

펴낸곳_도서출판 경진
      등록_제2010-000004호
      블로그_http://kyungjinmunhwa.tistory.com
      이메일_mykorea01@naver.com

공급처_(주)글로벌콘텐츠출판그룹
      대표_홍정표 편집디자인_김미미 기획·마케팅_노경민
      주소_서울특별시 강동구 풍성로 87-6(성내동) 글로벌콘텐츠
      전화_02) 488-3280 팩스_02) 488-3281
      홈페이지_http://www.gcbook.co.kr

값 15,000원
ISBN 978-89-5996-568-7 93300